「すぐやる人」になれる本

吉田たかよし

成美文庫

はじめに

私は日本で初めてNHKアナウンサー、衆議院議員公設第一秘書、医者というまったく異なる三つの分野の仕事をすべてやりました。「なぜそういうことが可能になったのか」とよく聞かれますが、「何事につけても、すぐやる」からです。

ほとんどの人は可能性を常識によって閉ざしています。でも、その常識は本当に正しい常識かどうかは、誰もわかりません。ただ、今まで自分がやってきた結果から無理だろうと思うのでしょう。けれども、決してベストを尽くしたのでもなければ、具体的に何か行動したのでもありません。ということは、その分野に関しては何もまだやっていないことになります。つまり、その常識は経験に裏づけられた根拠のあるものではないのです。そんなものに縛られて、自分の可能性を潰してしまうのはもったいない。

私は先日、深田恭子さん主演のドラマに出演しました。俳優でもなければ本格的な演技練習をしたこともない私が、ゴールデンタイムのドラマに出演したのです。番組冒頭の数分間、私の姿と声と演技がテレビに映し出されました。

ほとんどの人はテレビに出演したいと思っています。でも、最初から諦めています。

自分は特別に容姿端麗でもなければ、歌も歌えない、演技もできない。もう一〇代ほど若くはないなどです。私も今書いたマイナスの条件をすべて備えていますが、ただ一つ違うのは、自分の可能性を信じ、「何事につけても、すぐやる」ことだけです。

まずは、やってみる。もちろん、やってみてすべてが上手くいくわけではありません。結果として、いくつかは上手くいかないのは事実。だからといって、人生、別に大きなダメージを受けるわけでもなく、ちょっとした時間が無駄になっただけです。

でも、本物の意味の無駄ではありません。そのプロセスを通して何か得られるものは、非常に多くあります。そういう点でも、すぐやる行動パターンは、非常に重要です。また、やるからこそ、自分にとって何が必要なのか、そのための条件などが見えてきます。

ただし、「じゃあ、すぐにやりましょう」と言っても、気持ちだけでは長続きしません。「ハイ!この瞬間から変わろう」と思っても、まったく自分の人生が変わっていくほど人間の脳は甘くはありません。変わるためには変わるための方法論、やり方が必要です。

これはスポーツでも同じです。テニスをまったくやったことがない人が、ラケットを握って、いきなりショットを打とうと思ってもできません。正しいショットを打とうと思ったら、まずはフォームを身につけます。世界トッププレーヤーであっても同じで、我流で適当に打って、上手くいくことはありません。世の中の天才トッププレーヤーでさえも、きちんとした型によってスイングをしています。まず、型に沿ったやり方でしか人は効率的に自分を成長させることはできません。

本書では、「すぐやる人になる」方法を、くどくどと精神論として問いかけるつもりはありません。どうやれば、「すぐやる人」になれるのか、その型の部分を状況、あるいはその人の置かれている環境やケースバイケースに合わせて具体的に書いています。実践さえしていただけたら、誰でも変わっていけます。

ドラマ収録時、きらびやかな衣裳に身を包みスポットライトを浴びた深田恭子さんは光り輝いていました。その深田さんとの会話が書かれている台本を握り締め、私は何度も何度も読み込んで覚えたセリフを頭の中で繰り返しました。衣裳であるタキシードの下の背中に、一筋の汗がスーッと流れました。ドライリハ、カメラリハと二回のリハーサルが終わり、いよいよ本番！　助監督さんの声「スタート」。しんと静まったスタジオで、ＡＤさんの指が折られます。３、２、１。新しい私の始まり、次はあなたの番です。

吉田　たかよし

目次　「すぐやる人」になれる本

第2章

気持ちを「プラス」にキープしよう

——習得より「習慣」が意志力を引き出す

第3章 「雑欲」を整理すると生産性は断然高まる
――始めるより「やめる」が達成力を引き出す

第4章 手ぎわよく「グズを断ち切る」ために
——無理より「整理」が速さを引き出す

第5章

「リカバリーショット」を早く大きく打つ

——順風より「風雪」が自信を引き出す

第6章

この生活習慣が「成功習慣」！

――手間より「手軽」が脳の力を引き出す

編集　マナップ／村上直子
イラスト／安ヶ平正哉

第1章

「人生についたクセ」をまず変えていく

――才能より「本能」が行動力を引き出す

「本能的に動く」ことが高レスポンス人間への第一歩

頭で考えた理屈では「爆発的行動力」は導けない

私は元ＮＨＫアナウンサー、元衆議院議員公設第一秘書の経歴を持っています。そして現在は医師であり、医学博士の称号を持ち、なおかつ、タレントです。その上、四月からは文化放送で、「吉田たかよしプラス！」という朝ワイド番組のメインパーソナリティーを務めています。月曜日から金曜日まで帯で放送する朝の二時間番組です。しかも、私の名前を頭につけたいわゆる「冠番組」。

それもあって、「どうしてこんなにもたくさんのことをこなせるのですか」と会う人、会う人から尋ねられます。その答えはズバリ本能を味方につけたからです。

「本能を味方につける」などと言うと、眉唾ものだと思われるかもしれませんね。しかし、私は医師であり、医学博士です。ですから、この本で私が紹介する方法は、医学的、科学的根拠に基づき、なおかつ合理的な方法です。しかも、すでに私が実践ずみです。

これからの時代は、一日二四時間という限られた枠の中で、時間を効率的に使う方法を考え、それに基づき行動できる人だけが、思い通りの成功を手にすることができます。

いまだ迷信や思い込みに基づいた非科学的な方法を取り入れて努力をしている人がいるとすれば、時間を無駄にしているだけです。それでは時間が、もったいない。

これを機会に本書を参考にしながら、本能を味方につける方法を身につけ、早いうちに成功を手にしてください。

やりたいことから始めよう

人は「根性でがんばるぞ！」というように精神力だけで仕事や勉強に打ち込もうとしても、残念なことに長続きしません。挙げ句の果てに、その行為すべてに嫌気がさしてくるだけです。ところが、不思議ともともとから興味がある趣味や、やりたかった仕事に取り組むときは、どんな妨げがあろうとも苦に感じるどころか、嬉々としてきます。それに、意外と簡単にできるものです。

たとえば草原に眠っているライオンを動かしたいときに、直接、引っ張ったり、押しても、思い通りに動いてくれません。もし、強引にこれらを実行しようとすれば、あなたが怪我をするか、命の危険にすらさらされるだけです。

しかし、空腹のライオンがひとたび餌を見つけたとしたら、状況は一変します。えさが遥かかなたの遠くにあるとしても、そこに行けば大好きなえさが自分のものになると知ったライオンは、一直線に対象物に向かって全力疾走していきます。

お腹いっぱいになるまで、えさを食べたいというライオンの「目的」と獲物を捕らえようという「本能」が結びついた瞬間に、爆発的な力を発揮したからです。本能と行動が結びついたたいい例です。人もまったく同じこと。目的を遂行するために、「自分はこうすべきだ」「こうあらねばならない」と、正しいやり方をいくら頭で考えても、体が思うように動かず、残念ながらいい結果は生まれません。

そんなことより、「私はこれがしたい!」「これを手に入れたい」という欲望をきちんと認識することのほうが先決です。これが「本能」と「行動」を結びつけるための第一ステップになります。

しかし、実はここからが問題で、欲望を自覚することができても、その欲望を長期間、認識し続けなければ、実社会では欲しいものを手にすることはできません。そう簡単に思い通りにはいかないものです。

たとえば起業したいと思っても実際に会社を設立するまでには、ある程度の時間が必要になります。起業に役立つ資格試験を取得したり、さまざまな準備をしなければなりません。しかし、多くの人たちは、やる気を持続することがなかなかできず、「もう、こりごりだ！」と途中で断念してしまいます。気力だけでやる気を持続しようとしてきたところに、何らかの問題があったのでしょう。

さらに、このモヤモヤした気持ちを整理させずに放っておくと、「やっぱり私は頭が悪いんだ」「もともと根性がないのに、無理したなぁ」「やっぱり才能がない」と、自分のマイナス部分をあれこれと探し出してきて、一人で納得して片づけてしまおうとします。でも、人間の遺伝的な能力にそれほど差がないことは、さまざまな研究からもすでにわかっています。

つまり、「成功できないのは、性格や素質に問題があった」と決めつけるのは危険。勉強や仕事への取り組み方に問題があったと考えたほうが、実態に即しています。複数のことをスムーズに行うためには、「本能を味方につける」ことが、てっとり早い方法です。これを機会に具体的な方法を身につけて、ぜひ成功を勝ち取ってください。

まるで「食事を楽しむように仕事する」私の方法

通り一遍の目標を見直すと「別次元の力」が満ちてくる

「思い通りの成功を、なかなか手に入れることができない」と、嘆く人たちがいますが、その原因にはいくつか共通点があります。その一つとして、「本当に自分のしたいこと」がわかっていないことがあげられます。

「弁護士になる」「社長になる」などの仕事に就くことは、「本当に自分がしたいこと」ではありません。これらは一見、質問の答えになっているように聞こえますが、「本当に自分がしたいこと」の過程にしかすぎません。「大目標」もしくは「中目標」になりえても、「本当に自分がしたいこと」そのものではありません。

たとえば社長になりたいと思うときの動機は、人それぞれに違います。社長になって「お金儲けがしたい」「女性にもてたい」というように、行動を起こす動機づけを細かく見ると違いがあるのに気づきます。この根本にある感情そのものが、本当にやってみたいことなのです。

私のケースでいえば、「目立ちたい」「人前で話をしたい」という感情がこれに当たり、話を聞いてくれる相手は多ければ多いほどよく、一人より二人、二人より一〇〇人、一〇〇人より一万人のほうがやる気が生まれてきます。「目立てば、女性にもてるにちがいない」という気持ちも、さらに私のパワーの源となっています。

大学卒業後、ＮＨＫアナウンサー、医師、衆議院議員の公設第一秘書、タレントなど新しい分野の仕事に挑むことができたのも、目立ちたい、人前で話したいという感情が動機づけとなりました。

思い通りの成功をおさめたいと強く願うなら、「これをやってみよう」と思えたのはどんな思いからなのか、まずはその動機となるものを掘り下げてみてはどうでしょう。本能につながる自分の欲望を知ることができますし、欲望を勉強や仕事をするエネルギーの源として利用できれば、成功は確実に近づいてくるはずです。

本能とやる気を結びつけろ！

ことを思い通りに進められない人たちが失敗する二つめの原因は、立てた目標を実行していくプロセスに問題があります。「本能」と「やる気」をうまく結びつけることができないために失敗してしまうのだと思います。

仕事にしろ、勉強にしろ、自分で自分を動かそうとする力が働いたときに、目の前の課題に取り組んでみようとする意欲が生まれてきます。さらに、意欲を現実のものにするまで続けていけるから、思い通りにものごとが進むわけです。

「一つのことを続けていくのがどうも苦手なので、しょせん私には無理なこと」と、この時点で夢を手にするのをあきらめてはいけません。今まで散々、新たな取り組みに挑戦してきたもののいつも途中で断念したとか、どうにか続けはしたものの大変なことばかりで、とても辛かったという事実が、思い出されるのはわかります。

でも、ちょっと待ってください。なぜ、今まで自分で決めたことを長続きさせることができなかったのでしょうか。果たして、本当にすべての行動を長続きさせることができていないのでしょうか。

食事はどうでしょう。毎日の食事を面倒だと思いながら食べている人は、誰ひとりいないと思います。「一週間に一度、まとめて食べればいい」と考えたこともないはずです。それでは餓死してしまいますし、その前にお腹がすいたのを我慢できなくなり、目に入った食べ物を手あたりしだい、口に放りこんでいるのではないでしょうか。

大好きな彼女と会いたいけど、「おっくうなので（そういうシチュエーションも考えられますが）、月に一度だけ会えればいい」とは普通は考えません。恋人同士であれば、たとえ忙しいとしても、二人が会う時間を捻出しようと努力します。もし、ピンとこないというのであれば、二人の将来のことを考え直したほうが妥当かもしれませんが。

実は「原始的な欲望」は、人の「やる気を生み出す原動力」となっています。だから、習慣化できるのです。ここに今後、思い通りの人生を歩んでいくためのヒントがあります。欲望の力をうまく利用できれば、目標の達成は、わりあい簡単にできることになります。食事をするときのように勉強したり、彼女と会うときのように仕事ができれば、無理をしないで自分自身を動かせるようになるわけです。

「これからは本能にしたがって行動してみよう」――こう考え方を変え、やる気パワーを引き出しながら、目標を立ててみてはどうでしょう。今までの「夢を手にするのはずいぶんと大変で辛いこと」という感情が、少しずつ払拭されていくことでしょう。

さて、欲望について考えてみるときに、自分自身に嘘をついたり、格好をつける必要はありません。「社会のために」「世界平和のために」などという正義感を振りかざすのは格好がいいものの、人の目を気にしたことで、自分の欲望をゆがめてしまいかねません。

間違った欲望を掲げてしまう恐ろしさは、それが潜在意識の中に、いつのまにか入り込んでしまうことです。間違った目標設定をしているにもかかわらず、それが自分の本心だと思い込んでしまい、実現させるために無理をしてしまうほうがよくありません。苦労を自らが背負い込むだけです。

一方、「女性にもてたい」「お金持ちになりたい」「世界の秘境を旅したい」という素直な気持ちが動機となれば、行動するのもそれほど苦ではなくなるものです。そもそも欲望を他人に話す必要はないのですから、自分に正直になってみてはどうでしょう。

すでに将来の目標が決まっている人は、これを機会に自分の欲望を整理してみてください。一口で「社長になる」と言っても権力が欲しいのか、お金持ちになりたいのか、人によってさまざまです。

動機が違えば、目標に向かって努力する方法も違ってくるのは当然！　ぜひ、しっかりと自分の欲望を見つけ出してください。

潜在意識と波長をもっと合わせよ

夢は紙に書くことで実現する！

次に具体的な「大目標の立て方」を考えてみましょう。

「大目標」とは、最終的に「自分がなりたいもの」のことを意味します。たとえば「社長になりたい」「首相になろう」というように、その夢が大胆であったとしても、夢を実現している自分の姿をできるだけリアルに頭に描けるものであれば問題はありません。

すべては夢を見ることからスタートします。今の時点での可能性を気にすることはなく、たとえ実現するのが一〇年後、二〇年後、はたまたいつ叶うのかはっきりしていなくても、ここではできるだけ大きな夢を描くことを優先させるようにします。

どんな夢でもイメージするだけであれば、一切、お金はかからないのですから、ケチな想像はやめて、最高に成功した自分の姿を精いっぱい思い描いてみようと、気を楽にして考えてください。

具体的に夢が描けたら、それを紙に書き出します。今まであいまいでぼんやりとしていた「夢」をはじめて形にして表現させていく瞬間です。夢が文字という形となって「大目標」となって掲げられていく、ここのプロセスがもっとも大切になります。

でも、どうしてわざわざ夢を書き出す必要があるのだと思いますか。

大目標として掲げたものは、四六時中、意識しなくても潜在意識の働きによって目指す方向へ導いてくれることになるからです。

人生は常に選択の連続です。私たちは何か一つのことを選ぶたびに、何かを捨てながら毎日を過ごしています。そんなときに、潜在意識に刷り込まれている情報は、無意識に私たちを動かしてくれます。さらに、夢を書き出しておくと、いっしょにチャンスまで運んできてくれるものです。

誰もが一度や二度は、「運が良かったぁ！」と思えるできごとを体験したことがあると思いますが、それは偶然ではありません。自分の些細な言動の積み重ねが、思い通りの結果を招いていることに気づきませんか。これも潜在意識がなせる技です。

私が「吉田たかよしプラス！」というラジオ番組のメインキャスターに大抜擢されたのも、潜在意識によるものでした。文化放送で月曜日から金曜日まで放送されている朝の二時間のワイド番組ですが、新人タレントであり、医師である私を登用することは通常ではありえません。

では、なぜ選ばれたのでしょう。番組のプロデューサーの目に、私の姿が止まったからです。実は今から半年前のことですが、タレントのユンソナさんがパーソナリティーをつとめる三〇分番組のアシスタントに、起用されたことがありました。

番組後の飲み会でスタッフたちと気軽に会話を交わしていたときに、将来、「取り組んでみたい仕事」の話になりました。そんなやりとりの中で、あるスタッフが、「吉田さんは数々の経歴をお持ちですが、将来は何を目指されているのですか」と私に尋ねてきたのです。

密かに「キャスターになる」を大目標として掲げていた私は、迷うことなくみなさんの前でこの大目標を披露したのです。何も「私がキャスターになれる」という確かな裏づけがあって、発言したわけではありませんでした。しかし、普段から考えていたことを話したことが、現実のものとなって私のもとに飛び込んできたのでした。ただの医師であり、新人タレントであった私が、こうして「朝ワイドの番組」でニュースキャスターとして起用されるきっかけをつかんだのでした。

何も私が特別なのではありません。「こうなりたい」と大目標を設定し、それを紙に書き出して、潜在意識を刺激する状況さえ作っておけば、誰にも同じようなチャンスは巡ってきます。

目標は大きな紙に大きな文字で書き出そう

大きな夢を実現へと結びつけるためにも、ぜひ、「大目標」は紙に書き出してください。できるだけ大きな紙に、できるだけ大きな字で夢を書くのがコツ。他人に見せるわけではないのですから、どんなに大胆な目標であっても恥かしがることはありません。「必ず現実のことになる」と、強く念じて書くことがポイントになります。

書きだした大目標は、できるだけ部屋の目立つ場所に貼るようにしましょう。目標が常に視覚から入る状態にしておくと、情報が自然に記憶に刷り込まれていき、一歩一歩、夢を現実のものへと近づけてくれます。

また、紙をただ単に眺めるだけではなくて、音読すると効果倍増です。視覚に加えて、聴覚からも目標とする内容が飛び込んでくることで、初めは荒唐《こうとう》無稽《むけい》な目標であったとしても、だんだんと現実になるように思えてきます。

ただし、これらは何事にも果敢に立ち向かっていけるような精神力を鍛えるために行うのではありません。あくまで大目標を潜在意識の中に記憶させ、「やる気」をつねに引き出すのが目的です。ここを間違えないようにしなければいけません。

人間はそもそも本能に基づく動物であり、やる気も長くは続かないようにできています。たとえばお腹がすけば食べ物を獲得しようとするし、種を保存するためには男性が女性を求めます。これらの行動は瞬間的に集中力や気力を必要とするものの、長時間、持続させる必要性のないことばかりです。

もともと持続することが困難なやる気を、どうにかして集中させることでその力を保っていこうとしているのですから、何らかのしかけが必要になるのは当然のことです。

集中力は高等に脳を働かせることで、維持していけることもすでにわかっています。

脳の集中力をアップさせるためにも、目標を紙に書いて目に入る状態にしてはどうでしょう。今までオフになっていた「やる気」を自由自在にオンの状態に持っていきやすくなります。単純なことでも繰り返すことで、夢は現実になるのです。

やる気の「生産メカニズム」に乗りきる
脳の構造を無視した「がんばり」をやめよう

「やる気」のメカニズムを知ることは、とても大切です。これからのあなたの人生を成功へ導く、道しるべにもなります。ここで脳のしくみをできるだけ簡単に、説明しておきたいと思います。

人間の意思はちょうど、おでこのあたりに位置する脳の前頭連合野《ぜんとうれんごうや》という部分で生み出されて、コントロールされています。ここは「意思を生み出す部分」であり、「意思をコントロールする部分」でもあります。

勘の鋭い人であれば気づかれたことでしょう。前頭連合野は人の意思を「生産する部分」と「管理する部分」が一緒になっていることがわかります。お店でいえば、雇い主と従業員が一緒、はたまた、鞭を持って命令する人と命令される人が同じことになるわけですね。

では、「生産」と「管理」部門が一緒であることによって、脳の中ではどのような状況が生まれているのでしょうか。それによって、支障はないのでしょうか。

「支障がないのか」についての結論をいえば、普段の手慣れた作業であれば、何の問題もおこりません。ですから、安心して大丈夫です。

ただし、ややっこしい仕事をするときは、前頭連合野にとても大きな負荷がかかることになります。それによって、前頭連合野からSOSサインが出ることがあります。「え〜い！　こんな面倒なことはいっそのこと、やめてしまえ」と、拒否反応を示すのです。それでも無理をして作業を続けていけば、脳の中で「生産」と「管理」する機能のバランスが崩れ、どちらの情報も十分に処理することができなくなります。その結果、脳ががんばるのをピタッと止めてしまいます。まさに「許容量」をオーバーさせないための強行手段です。

このメカニズムを知らない人は、職場などで新たな仕事を途中で放棄したり、あきらめてしまう人に出会ったときに、誤った行動をとってしまいます。たとえば理由も聞かずに「その程度で仕事が嫌になるのは、気がたるんでいるからだ」「根性が足りないな！」と頭ごなしに説教をしてしまうのです。そう言いたくなる気持ちはわからなくもありませんが、昔のスポ根もののような精神論を振り回す説教は逆効果です。

というのも、「前頭連合野を前頭連合野で管理できるように、もっとがんばれよ」と、脳の機能をコントロールができなくなっている相手に強要していることになるからです。

ハッパをかける側に悪気がないものの、言われた側が無理してしたがえば、勉強や仕事そのものを心底、嫌いになってしまいます。「やる気」を引き出すための方法としては、もっとも非効率なのがわかります。

「もう、できない！」と意思表示をしている相手から、再びやる気を取り戻したいなら、このやり方は避けたほうが無難でしょう。

相手にがんばってもらいたいなら、脳の仕組みを理解し、上手く活用することを考えることが先決です。それがもっとも、てっとり早い方法です。

「好き！」「楽しい！」は人のやる気を呼び起こす

「やる気」を味方につけるために注目したいのが、脳の大脳辺縁系《だいのうへんえんけい》と呼ばれる部分です。

人間の脳はトリプルアイスクリームのように、三段構造になっています。一段目は爬《は》虫類の脳にそっくりな部分。脳の場所でいうと一番下、一番奥の部分にあたります。

これは俗称で、脳幹や間脳、それに大脳基底核のことです。この部分の役割は、生死や生殖に関わる機能を受け持っています。また、飲んだり、食べたりとワニやトカゲなど爬虫類でも行なっている原始的な機能も備えています。

二段目は、下等な哺《ほ》乳類に進化したときに獲得した部分（旧哺乳類の脳）と呼ばれるところです。ここに、「やる気」と関係している大脳辺縁系があります。海馬や扁桃体もここに含まれます。ちなみに、三段目である一番表面に近い部分が、高等な哺乳類になって獲得した部分（新哺乳類の脳）。このように、脳の奥から表面に行くにしたがって、段々にその役割は進化して高等になっていくのです。

ここでは、「やる気」に必要な二段目の大脳辺縁系の説明をもう少しくわしくしましょう。この部分は、下等な哺乳類に進化したときに獲得した部分です。原始的な本能を支配する役割があり、そのほか喜怒哀楽の感情を生み出す場所でもあります。

この喜怒哀楽の感情を生み出すという機能が、やる気を考えるうえで最も大切になります。なぜなら、好き、楽しいという感情が人間を動かす大きな力となっているからです。

その判断基準となっているのは、過去の記憶や情報です。

たとえば原始人は、狩猟に出かけて危険だった場所には、嫌な記憶が残っているために二度と近寄らなかったといわれています。

また、前回、出かけたときに獲物となる動物がたくさんいた場所は、積極的に出かけたそうです。出かけたときに楽しかったり、いい思いをした記憶が残っているからでしょう。

人が強制されなくても、狩猟に出かけるのは自然に「やる気」が生まれ、再びそこへ行ってみたいという感情が生まれてくるからです。好き、楽しいというウキウキするような記憶は脳を活性化させ、「やる気」を引き出させることができるのがわかります。

「夢見る人生」から「実現の人生」に踏み出せ
セロトニンを放出しながら奔走する脳の操縦法

夢と結びついた「大目標」を立てることができたら、次は「中目標」「小目標」を立てます。このときに、二つのポイントを押さえるようにします。

一つめは、「大目標→中目標→小目標」という順番で目標を決めていくようにします。大目標を達成するための中目標であり、中目標を達成させるための小目標として考えるのが基本です。

小目標を立てていく段階で、ときどき中目標として掲げた内容を変更したほうが、夢が実現しやすくなることもあります。こんなときは、「物事には修正はつきものだ」と割り切ることも必要です。無理して小目標を変更しようなどとは考えずに、中目標の変更を行うようにしてください。

ただし、大目標だけは別。この柱部分が変わってしまっては、そもそも目標として掲げたものが根幹から揺らいでしまいます。「大目標」がすべての方向性を決める基準となるので、ここだけはぐらつかないように慎重に立てるようにします。

二つめは、目標として掲げる項目をできるだけ小さく分けるのがコツです。脳に分泌される物質「セロトニン」の機能を最大限に発揮するためです。

人間は目標が達成されるたびに脳が癒されていくのですが、それはセロトニンが脳内に分泌されるからです。セトロニンが分泌しやすい状況を頻繁に作れば、そのたびに「やる気」が引き出されていくことにもなります。

もしここで、「大目標」を五年から一〇年計画で立てたとしたら、どうなるのでしょうか。その夢が実現するのは最低でも五年後になるわけですから、達成感を味わえるのも同様に五年先になります。セトロニンが分泌されなければ、「やる気」を引き出すのもむずかしくなり、達成感を味わうチャンスもお預けになります。

目標を小分けする最大の理由がここにあります。できるだけ多くの目標を立てて、ぜひ、セロトニンが脳に分泌される状況を頻繁に生み出せるように工夫してみてください。

私自身が目標を、できるだけ細かく分解して考えてきたのも、脳のメカニズムを利用して「やる気」を引き出すためです。

吉田流では「やる気の因数分解」と呼んでいますが、最終的には、三〇分から一時間で達成できる小さな目標に分解していければベスト。小さな目標が達成されるたびに、いい按配にセロトニンが分泌され、常に「やる気」を保てるようになります。

大目標はスケールを大きく！　中目標は実現可能なレベルで考えよう

ここで「やる気の因数分解」について、さらに説明していきたいと思います。

会社に入社して五年目になる、ある男性Aさんの夢を因数分解してみましょう。Aさんは「一〇年後に社長になること」を大目標として掲げました。次にこの夢を実現させるために中目標を立てることになりました。この場合の中目標は、「平社員から係長を目指す」ことがその内容になります。

大目標である「社長になる」という大きな夢に比べて、中目標が「係長」とあまりにもスケールが小さいために、「こんな目標設定で本当に一〇年後に夢が叶うのだろうか」と、Aさんは不安そうな表情をされました。でも、いきなり大きな目標を掲げても、レベルが高ければ、高いだけなかなか叶えることができません。

つまり、中目標は、半年から一年で達成が可能なものか、現状よりも少し背伸びすれば手が届くことから選ぶようにします。

大目標と中目標の設定について、理解を深めてもらうために、スポーツに置き換えて考えてみたいと思います。もし、スケートをはじめたばかりの人が、「フィギュアスケートの選手になりたい」と大目標を掲げたとしましょう。早く目標を達成したいために、トリプルアクセルから練習したらどうなると思いますか。

スムーズに滑ることができないうちから、むずかしい技に挑戦しても失敗するのは目に見えています。下手をすれば、大怪我をする危険性すらあります。時間がかかるように思えても、まずは、基本的な滑りをマスターする、次に本人の資質や特性に合った技の練習をするほうが、より現実に即しています。

社長になるという夢も同じことです。大目標がどんなに大きくても、中目標は現実的なものから選ぶことが遠回りのようで、着実に夢を叶えるためのコツになります。

ちなみに「年収一五〇〇万円の人」の大目標が、「資産を一〇億円に殖やす」ことだとしたら、中目標は「年収二〇〇〇万円を目指す」のがいいでしょう。中目標が決まったら、三〇分から一時間で達成できる小目標を立てるようにします。くわしくは次で説明します。

自分にひどい「赤点」をつけるな

成功したら自分をほめ、失敗しても自分をほめよ

脳にセロトニンが分泌される状況を作るためにも、朝、目が覚めてから、仕事をするとき、そして眠りにつくまで、常に「大目標↓中目標↓小目標」が目の前に揃っているようにしたいものです。

たとえば経理の仕事をしているあなたが、ミスなく仕事をする目標を掲げたとしましょう。そのときについつい「今日一日、ミスをしない！」と定めがちですが、それでは時間が長すぎます。

というのは、これだけ長いと「目標を達成しよう」とする気持ちを維持させるのがむずかしく、あいまいになりがちだからです。事実、注意力が持続しにくく、時間の密度も低くなります。ですから小目標は、三〇分から長くても一時間までにします。

具体的には、「一時間かかる仕事を四〇分でする」いうような目標の立て方をします。さらに、一つの仕事が終わったら、小目標が達成できたかどうか、きちんと検証していきます。

もし、小目標が思い通りに達成されたら、必ず自分を褒めるように決めます。それも黙ったまま自分を褒めるのではなくて、「よくやったぁ！」と大声を出すと、セロトニンが分泌されて「やる気」が引き出されます。

しかし、オフィスで小目標を達成するたびに声を出せば、上司に呼ばれて「静かに仕事をするように」と叱られるかもしれませんね。注意をされないまでも「心の病にかかったのでは？」と、周りから心配されて病院送りにでもなったら大変。

オフィスでは、「一時間かかる仕事を四〇分でできて偉い！」と、頭の中で唱えるようにしてください。声には出さないとはいえ、大げさに自分を褒めるようにすると効果的です。

さらに気分がよくなり、セロトニンが分泌されやすくなります。こうしたことを何回も繰り返していくうちに、「やる気のスパイラル」が起こってきます。「目標が達成される→自分で自分を褒める→セロトニンが分泌される→やる気が生まれて、再び脳の働きがよくなる」とすべてが好転していくことになるわけです。

世の中はそんなに甘くはなく、いつも物事は思い通りにうまく進むとは限りません。「四〇分でやろう」と目標を立てたのにもかかわらず、四五分かかってしまうときもあります。自分に厳しい性格の人であれば、「目標どおりにできないなんて、不甲斐ない」と考えてしまい、気落ちしてしまうようです。

しかし、ここで自分を責めるのは逆効果です。マイナス思考に陥り、脳の働きが悪くなってしまいます。あとでくわしく説明しますが、マイナス思考はよくないことは医学的にも解明されています。

どんなときでも、前向きに自分を褒めるようにしましょう。マイナス面も「一時間かかる仕事を四五分で処理できて偉い！」と言い換えればうまくいきます。万が一、うまくいかなくても、「次の一時間こそは、がんばるぞ！」と思えば、やる気のスパイラルを断ち切ることはありません。

クヨクヨして、できなかった自分を責める前に、目標を自分の味方につけることに頭を働かせるほうが賢いやり方です。

「小目標の期間」は、ちょっとだけ背伸びして決めるのがいい

小目標の期間の決め方ですが、少しだけ背伸びをするようにしましょう。

「一時間かかる仕事を一時間でする」みたいなことは現実であって、目標にはなりえません。

かといって一、二割しかできないことは、今までほとんど達成されたことがないのですから、これではセロトニンが分泌されません。言い換えれば、「一時間かかる仕事を五分でする」みたいな不可能に近い設定をすることになってしまいます。

人は達成されないことばかりが続くと、鬱《うつ》状態になって気持ちが後ろ向きになっていくだけです。脳の機能がドンドンと落ちていくことにもつながっていきます。すると再び気分が落ち込んで鬱になり、セロトニンも分泌されず、悪循環に陥ってしまいます。

ですから七、八割で達成できる目標を掲げるのが理想となります。

「トライ&エラー」でやってみるしかありませんが、目標の決め方は、人それぞれ違いますし、同じ人でも今と一年後では変わってきます。しかし、繰り返しやっているうちに自然に身につくものです。

ぜひ、実行しながら、最適な目標期間を決めてください。

常に「過去が未来を励ます」システム手帳活用法

手帳と「三秒」向き合うだけの目標達成術

　ここでは「小目標」を達成するために役立つ、とっておきの方法を紹介していきましょう。いくら小目標がいい内容でも、日々ボーッと過ごしているようでは、決っして身についていきません。そこでおすすめなのが、手帳の片隅に「○×△」を書く方法です。

最初に手帳に「六月一日一〇時」と現在の日付と一時間後の「六月一日一一時」という具合に時間を書き込み、同時に頭の中で小目標を決めます。

　そして一時間後に、立てた目標の成果を「○×△」で評価していくやり方です。書き方は先ほどの「六月一日一〇時」のあとに、「○×△」の印を書き入れます。たったこれだけのことです。

　几帳面な性格な人は、ついつい「これで大丈夫なのかなぁ」と考えてしまい、小目標としていることすべてを書き込みたくなるもの。また、「目標手帳」などと称して、小目標を書き入れる欄を作った手帳を用意したくもなります。どちらも「小目標をクリアしよう」とする意気込みは感じ取れますし、気持ちはよくわかります。

でも、残念ながら毎回、目標を書き入れていくのは、面倒でなかなか長続きしません。一般的には書き込みに一〇秒以上かかるものは、習慣として定着しないともいわれています。また、いちいち小目標を書き入れていくのは、時間的にも損失になり、もったいない。その点、「○×△」の印を書き入れる方法は、三秒もあれば簡単に、誰にでもできます。

これからは、「書き込みたい内容は簡素化して手帳にしるす」とガラリと発想を変えてください。ビジネスパーソンだけでなくて、小学生からお年寄りまで、誰でも簡単にできるやり方が、長続きしますし、確実に小目標を実現させることができます。

小目標の設定内容ですが、「○と△」を合格とした場合に、この二つで全体の八割ぐらいを占めるように考えます。

初めのうちは、自分にあった小目標を立てたつもりでも、なかなか思い通りにうまくいかないものです。でも、何も気にすることはありません。小さな目標を達成していく能力をマスターできれば、一生使うことができるノウハウになります。

「何回も繰り返してやっていくうちにうまくなる」と自然体でいるほうが、小目標の立て方が上手になっていきます。

一つの職場で働き続けていくとは限らない時代になりました。どんなケースに遭遇しても、臨機応変に目標設定ができるように小目標を確実に達成していく能力を身につけておきましょう。転職して今と一八〇度違う業種についたとしても「人生の戦略」を立てるうえで役立ちます。

ところでシステム手帳は毎日開き、目標の確認に利用します。自分にとって一番大事な目標、究極的な長期目標をシステム手帳に書いてくだ

さい。

書き入れる場所はシステム手帳の一番初めのページ、あるいは、手帳を開いたら、パッと出てくるページ、嫌でも目に入るところです。そこに、大きな字で自分の手で目標を書き入れてください。日々文字が目に入ることによって、がんばろうという気持ちが呼び起こされます。

人は、目標を立てたときにはそれを成し遂げようと思うものの、そのときの脳と半年後、一年後の脳のコンディションは同じではありません。目標を立てたときは熱意を持っていても、その後のことはわかりません。だからこそ、システム手帳の一ページ目に目標を書く必要があります。

これが未来の自分に対する「がんばれよ！」というメッセージになります。システム手帳の一ページ目に目標を書き入れることによって、過去の自分が未来の自分を、励ましてくれます。

ですから、見ようと思わなくても嫌でも見えるページに書き入れるようにしてください。

「最後に集中力が薄れる」なんてもったいない！

携帯電話ですぐできる「集中力革命」

小目標を達成するまでの長さですが、私は約一時間を目安にしています。ただし、「これがベスト！」という基準はないので、いろいろと試しながら自分に合った目安を決めてください。

小目標は「○×△」で評価すると説明しましたが、果たしてその時間に集中できたのか、決めたことが達成できたのか、実際に実施していく中で自分の能力がどれぐらいだったのか、それを考慮しながら検証していくことになります。

この小目標の期間を計るときに、秘密兵器となって力を大いに発揮するのが、携帯電話のアラームです。「なんだぁ〜。携帯電話のアラームで時間を計るだけか」と、バカにしてはいけません。実は集中力アップのためには、非常に有用な小道具に変身します。

「一時間で仕事を仕上げる」という目標を立てて時計を使った場合にどのように脳が働いているのかを見てみましょう。

時間の経過は、目で確認していかなければなりません。そのためには時計をチラチラと眺め、終了と決めた時間まで残りがどれぐらいあるか、またそれに対し、仕事はうまく進行しているかをチェックしていくことになります。つまり、頭の中で仕事の内容を形にする作業と残り時間を計算する作業を同時進行していることになります。コンピュータにたとえれば、作業している最中に、同時にいくつものタスクを実行していることになります。明らかにその処理能力は落ち、動きが遅くなります。

仕事をしているときにこれと同じことを時計を使って行なっていることになるわけですね。

少しでも非効率な作業をカットするためには、無駄な気遣いも減らすことです。こんなときに携帯電話のアラーム機能が役立ちます。アラーム機能を使えば、いちいち時間の確認をしていくこともなく、一時間が経ったら、アラームが教えてくれるためです。目の前の仕事に、一〇〇%集中できるようになります。

以前に私は携帯電話ではなく、タイマーを利用していたこともありますが、タイマーではピッピッピッピッと音が出るために、会社では使えません。周囲に迷惑をかけてしまうからです。

その点、携帯電話をマナーモードにしておけば、音を出さずにすみますし、時間の経過は間違いなく教えてくれるのですから、大きなメリットもあります。また、アラーム機能を使えば、一度セットしておけば何度でも決められた時間に自然に鳴るので、この点でも、とても便利です。

目標は立てた当初は、誰もが「がんばるぞ!」とやる気満々ですが、二〇分、三〇分経つと、だんだんとだれてくるものです。ましてや二時間、三時間経つと、がんばろうという気持ちすらも薄れてきます。

携帯電話のアラーム機能を使いこなし、一時間に一回、自分自身に刺激を与えていくようにすれば、目標達成度、やる気、脳のコンディションのいずれにも効果が発揮されます。

電話をかけたり、メールを見るためのツール（最近は財布代わりにもなりますが）としてだけではなく、アラーム機能の有効活用で目標達成のために活用してはどうでしょう。

「自然に体が動く人」は頭に目標を刷り込んだ人

手帳に「自動成功機能」を持たせよう

小目標を一つずつ達成できれば、それに続く中目標、大目標の達成に一歩ずつ近づいていくことになります。逆をいえば、大目標が揺らぐことで中目標、小目標もグラグラになっていきます。

24ページで説明したように、「本能」と結びついた「大目標」をしっかりと自分の脳と心に焼きつけるためには、大きな紙に書くのがよいでしょう。しかし、大目標を確認するためとはいえ、他人の目がある職場や外出先で、大きな紙を取り出すわけにもいきません。

そのため外出したときにも、大目標を忘れないように、私はシステム手帳に大目標を書き、持ち歩くようにしています。システム手帳は、プライベートなものなので、他人に見られることもなく便利です。

しかも、日々のスケジュールをチェックするたびにページを開くので、そこに書いてあることが、自動的に目に飛び込んできます。

ですから、「大目標を確認しよう」と意識することもありません。さらに、コンパクトで持ち運びができ、いつでも好きなときに確認できるという三拍子を備えている優れモノです。

こんな話をすると、「私は他人の視線なんて、まったく気にならないタチなので、職場のデスクに貼ることにしています」と、平然と話す人がいます。自分の大目標を包み隠さず公言できるという自信は見上げたものです。でも、人の目に触れるとなれば、どうしてもカッコイイ目標を立ててしまいがちです。

知らず知らずのうちに、人の視線を意識してしまうからです。前にも書きましたが、一度、大目標として紙に書き、壁などに貼ってしまえば、それが本心とにずれがあったとしても、気づかないうちに自分が求めている目標だと思い込んでしまうものです。

自分の目標が無意識に歪められてしまえば、せっかく掲げた大目標も絵にかいた餅《もち》と同じこと。本能に基づくものでなければ、結局は成功を勝ち取るためのパワーとはならず、大きな成功はいつまでも手に入れられないことになります。そればかりか、決めたことをまったく実現させることができない自分に、イライラさえしてきます。

本能に基づく欲求のみが、成功を勝ち取るパワーとなる

昔の戦国武将は、「周囲を蹴《け》落としてでも権力を手に入れる」と表明していましたが、どのように、実現させていったのでしょうか。

「天下をとりたい！」「たくさんの領土を自分のものにしたい」という個人の欲望を満たすために勝負することが、成功を勝ち取るための原動力になったのは確かです。

いろいろと説明しましたが、会社などや外出先などでも、自分が掲げる大目標を確認するためには、人の視線を意識せずにすむシステム手帳を活用しましょう。手帳の目立つところに書いておくことで、この大目標を一日に何度も再確認しながら、脳に叩き込んでいくようにしてください。

というのも、大目標はうろ覚えであれば役に立ちません。忘れようと思っていてもフラッシュバックするぐらいまでにしたいものです。そのためにも、一日に何度も大目標を眺める機会を持ち、体で覚えていくように癖づけてください。

数値で検証すれば数値はみるみる上向く

期限と達成率が「レール」を敷いてくれる

具体的な中目標の立て方を説明しましょう。まず、自分自身の現状を冷静に分析してみてください。経済的、時間的余裕がどれぐらいあり、自分の夢のために、どのぐらい力を注ぐことができますか。

「時間もかかりそうだし、努力も必要になりそう」と思ったら、一気に挫折しそうになってしまうかもしれませんが、ここで負けてはいけません。これからの一年から数年以内にできる可能性がある具体的な目標はなんでしょうか。よく考えてみてください。

大目標の達成に向かって、資格を取ることもいいでしょう。税理士や公認会計士、ファイナンシャルプランナーや簿記一級。女性にもてたいなら、ワインのソムリエやワインアドバイザーなどの資格もあります。

政治家になりたいのなら、松下政経塾や自民党の政治大学校、そのほか、各党でさまざまな勉強会が催されています。お金がまったくないのなら、二年計画にして、最初の一年はひたすら稼ぎまくるというのも、一つの手です。

ところで、ここで大切なのは、自分に嘘をつかないことです。「友達がいいと言ったから」「親からすすめられたから」といういい加減な目標はほとんどが達成されません。たとえ達成されたとしても、結局は自分の役に立たないことが多く、何の意味もありません。泣いても、笑っても自分の人生です。一度きりの人生ですから、もし、中目標の方向性が間違っていたとしても、「それを変えればいいだけ」とおおらかになって、自分の本心に語りかけてください。

人生は何度でもやり直しがききます。新しく決めた中目標を一所懸命、達成できるように努力し、再び半年後に検証してみればいいだけです。このステップを踏めば、次の新しい目標が必ず見えてきます。

中目標の検証は数字にするとよい

中目標の「検証方法」としては、マニフェストが参考になります。選挙のときなどに各政党から声高に叫ばれる、あのマニフェストのことです。政治に疎かったり、その手の話が苦手なあなたでも身につきます。大丈夫です。むずかしいことをやってもらうつもりはありません。

まずは、マニフェストについて、簡単に説明しましょう。

数年前から選挙になるたびに、「わが党は○○をマニフェストとして掲げております……」と、立候補者は演説で「マニフェスト」について口にするようになりました。それまでの政治家たちは「マニフェスト」ではなく、政党ごとに方針をまとめた「公約」のみを発表していました。二つの大きな違いは、検証が可能なものかどうか、という点です。

以前の政治家が掲げていた公約の中身をチェックすると、ほとんどが抽象的な美辞麗句ばかりでした。実態に則さない言葉が並んでいましたが、有権者はその美しい言葉の響きに知らず知らずに引き寄せられ、一票を投じたものでした。「公約どおりに何か自分たちのためにやってくれるに違いない」と、大きな期待もしたからです。

しかし、現実はそんなに甘くはありませんでした。政治家は何もやってくれなかったのです。公約は検証不可能なものがほとんどなので、政治家は努力をしなくても有権者からつるし上げられなかったわけです。これが公約の悪いところで、「ダメな中目標」は公約とそっくりです。

一方、マニフェストは、宣言した内容を「いつまでに行うのか」と期限を区切り、達成したかどうかも検証できるような具体的な項目で作られています。公約もマニフェストも行おうとすることの方向性は同じなのですが、その結果はまったく違ってきます。

一度、言葉にしたことは責任を持つのはもちろん、言いっぱなしにならないためにも、中目標を立てるときに、マニフェストをまねして作るようにしてください。

やり方としては、「○月○日までにこれをする」と目標を掲げ、必ずその期限の日を迎えたら「○%達成できたかを評価する」ようにします。

検証にかかる時間が小目標は三秒でしたが、この場合はもう少し時間をかけます。では、どれぐらいの頻度で行えばいいのでしょうか。中目標では、目標とする内容によって期限が変わってはきますが、わりあいまとめて時間がとれる正月と盆の年二回を期限とすると、区切りやすいでしょう。

この期間は仕事を休んでいる企業も多いので、ほかの仕事も入りにくいですし、じっくりと検証するための余裕もあるため、私自身もこの時期に行なっています。このように半年に一度は、検証します。

中目標の点数のつけ方としては、「一〇〇点満点で何点か」という数字で評価します。ここも厳密にすることはなく、自分の中のイメージでつけるのでＯＫ。

「八〇点だと合格に近い」「二〇点だとダメ」「五〇点はその中間」という大きな枠組みで大丈夫です。たとえば六〇点をつけた場合は、「もう少しがんばろう」「目標の立て方を変えてみよう」と、改善の方法を考えていくようにします。

九〇点をつけた場合は、「次もがんばろう」「次はもう少し高い目標を立ててみよう」という具合にします。正確に評価しなければいけないと、眉間にしわを寄せてまで、正確に行う必要はまったくありません。

ただし、「何となくよい」「何となく悪い」という点数のつけ方は、ものさしがはっきりとせず、あいまいになるので避けましょう。

中目標の検証は、数字として表現すること、「良い」「悪い」と言い切ることが大切です。

やる気も「新陳代謝」で進化する

すぐやる人は「セルフコーチング」をやれる人

ちまたでは、コーチングがブームになっています。私の友人もコーチングの会社を経営していますが、業績が好調なため、最近、大きなビルに引っ越しました。大手自動車メーカーの秘書を辞めて、コーチングの仕事を始めた女友人もいますが、やはり毎日、忙しそうです。今後、ますますコーチングの需要が広がっていきそうな気配です。

そもそもコーチングとは何なのでしょうか。そんな素朴な疑問を持った私は、友人たちに質問してみました。

すると、「相手が目標としていることと現実の間に生じるギャップを明確にし、それを埋めるためにはどう行動すればいいのか、その気づきを促す仕事である」という答えが返ってきました。人はさまざまな可能性を秘めている、その人に必要な答えはその人自身が知っているというわけです。

具体的には、マンツーマンで行うことが多く、コーチを決めてコーチングを受ける人が掲げた目標を達成できるように、サポートしていくようなのです。コーチングは、目標を立ててそれを検証し、生活習慣に根づかせることがビジネスなのでしょう。

たしかに自分自身の感情をうまくコントロールしたり、管理できない人は他人からコーチングを受けるほうが、より早く目標とする自分に近づいていくことができます。でも、費用が発生することであり、九五%ぐらいは自分自身でできることだと思います。

そこで私はこれらの一連の流れを自分一人で行うことを考えたのですが、それが「セルフコーチ

ング」です。やり方は意外と簡単。今までこの章で私が述べてきたことを順番に実行してもらえばいいだけです。念のため、ここで復習しておくことにしましょう。

・最初に「大目標↓中目標↓小目標」と三つの目標を立てます。大目標は自分の欲望が反映されていれば、この段階では漠然としていてよい。

・中目標は正月と盆の年二回、半年ごとに点数で評価する。

・小目標はシステム手帳を利用して、一時間ごとに「○×△」で評価する。

どうでしょう。自腹を切ってコーチングに通ったぐらい真剣になって、実行してみる気持ちになってきましたか。

第2章

気持ちを「プラス」にキープしよう

――習得より「習慣」が意志力を引き出す

一日一日の前向き言葉の蓄積こそ行動力のもと

「やる気人間」宣言で夢に近づけ

肺がん、心筋梗塞《こうそく》、脳卒中……本当にタバコの害は数知れません。また、タバコは吸う本人だけでなく、私のようにタバコを吸わなくても、喫煙者がはきだす煙によって起こる「受動喫煙」で、愛する人の健康を奪う危険性もあります。

健康ブームもあって、テレビのバラエティー番組、さまざまな雑誌などで、「いかにタバコに害があるのか」。その怖さについてもさかんに語られています。分煙も常識になりましたし、タバコを吸う人には住みにくい社会になってきています。それでも喫煙をやめられない人のなんと多いことでしょうか。

「百害あって一理なし」とも言われるように、何も得することはないのですから、これを機会に禁煙にチャレンジしてみてはどうでしょう。

「禁煙」したことを大いに自慢しよう

さて、禁煙を成功させるためのポイントがあります。タバコを吸わない人でも、やる気人間に変身するために役立ちますので、ぜひ、実行してください。

まず、「タバコを止めます！」。そう周りの人へ宣言します。もっといいのは、禁煙したことを周囲に自慢することです。と同時に、周りにタバコを吸う人がいたら「禁煙するように」とすすめます。

新しく変化した自分を「禁煙者」のリーダーとして仕立てていくわけです。こうすれば禁煙も持続できることは、さまざまな実験からも知られています。

同僚に禁煙したことを自慢したり、上司に禁煙をすすめたのだから、「まさか自分が吸うわけにはいかないなぁ」と、禁煙宣言を撤回できなくなります。少し弱気になったり、決意が揺らぎそうになったときの歯止めになるわけですね。

このように「禁煙宣言」をしないで、自分の気持ちの中だけでタバコをやめていることを閉じ込めておいたとしましょう。もし、何らかの誘惑で気持ちが変わってしまえば、元の木阿弥《もくあみ》です。

けれども、自分の周囲に「自分は変わったんだよ」「これを目標にして、がんばっていく」と伝えておけば、誘惑があっても意地も働き、もう少し頑張ってみようと踏ん張れます。

宣言するときも、できれば淡々というのではなくて、熱意を込めて周囲に伝える。そうすると、自分の決意が揺らいだときに、周りからのプレッシャーがかかります。さらに、周りへの対面上の問題もあります。そのため、決意が揺らぎにくくなるというプラスの面があります。

もう一つ利点があります。「こうなりたい」と、その思いを熱っぽく語ることによって、決意が深まります。

深層心理では目標があって、そのためにどうしたらいいのかがわかっているのに、本人が自覚していないことがあります。「資格を取ろう」「給料を増やそう」とか、そういう結果の部分だけを把握している状態です。

友人に目標を語るときに、唐突に「この資格試験を受けてみようと思うんだぁ」と話しても、「勉強熱心だね」と褒められるものの共感を得ることはできません。けれども、「自分はこういう思いがある」「自分をこういうふうに変えたい。だから、資格をとるんだ」と理由の部分を周りに語れば、自分自身にも語りかけることになります。また、友人も共感してくれます。

こうして自分の目標に対する思いがだんだんと深まっていきます。

結果だけを求めると上滑りした目標設定になりますが、そうではなくて、より深まった、より密度の高い、より充実した目標へと変化していきます。

「新しい自分へ変身していく」――その確かな手応えをきっと実感できることでしょう。

ぜひ、自分の目標を周囲に宣言し、大いに自分の思いを熱く語ってください。

こんな「ポーズをとる」ことで心のスタンスがとれる

ガッツポーズで「前向きスイッチ」をオンにする

頭の中だけで、「がんばるぞぉ！」と思っていても、残念ながら脳はあまりがんばってくれません。

こんなときに行う「やる気ポーズ」や「儀式」「叫び声」などを決めておくと役立ちます。ポーズを決めることで、やる気の源である脳の側坐核《そくざかく》に自動的に刺激を与え、やる気のスイッチを「オン」にすることができます。

私は今までと違うことに取り組もうとするときに、「さあ、これからやるぞ！」と大げさにガッツポーズをするように習慣づけています。立っているときも、座っているときでも、気合いを入れたいときは行うようにしています。

「さあ、ここから頭のスイッチを切り替えるぞぉ！」というサインを自分に送るためです。頭の中で号令をかけるだけではなくて、ポーズをとりながら声を口に出すことで、声と動作が連動し、意識が今までと大きく変わってきます。

何回も繰り返し行なっていくうちに、脳の前部帯状回《たいじょうかい》はガッツポーズをするときは、「自分自身がこれからがんばるときだなぁ」と学習してくれるようにもなります。考えていることを体の動作や叫び声などの言動に置き換えることで、やる気が記号化され、それが引き金となって前向きな行動にもなっていきます。ガッツポーズのおかげで、本当に短時間でやる気を引き出すのが上手くなりました。

かけ声としては「さあ、やるぞ！」と言いながら、声を出すのでもいいのですが、できるだけ五感の多くに働きかけるようにすることが大事。たとえば、「ポーズ」と声を出すのと同時に、膝をポン！と叩くと、皮膚に刺激を与えることができ、さらに効果が倍増します。

大工さんの「よっこいしょ」は、「休憩から仕事」への切り替えサイン

これらのことは、脳のことが今ほど解明されていないときから、いろいろな人が行なってきました。

大工の棟梁《とうりょう》が昼休みの休憩が終わったあとに、「よっこいしょ」と膝をたたいて、午後の仕事に入るのを目にしたことはありませんか。脳を休めている状態から、活動状況へ意識を切り替えるきっかけを作っているわけです。

大工の仕事は釘や金槌、ドリルなどを使います。ときには高いところに登って行う作業もあります。仕事中は、さまざまな危険がともないます。お昼などを食べて、リラックスしたまま仕事をすると、失敗につながりやすくなります。

そこで仕事をはじめる前に、ほどよい緊張感を呼び戻すようにするのです。それによって、仕事の能率も上がり、ケガもしなくなるわけです。

いくつかポーズを紹介しましたが、「やる気ポーズ」や「儀式」「叫び声」に、決まりはありません。好きなポーズを自分なりに決めておけば大丈夫です。効果は変わりません。ただし、注意点が一つあります。一度決めたポーズは変更しないこと。一日ごとに、やる気ポーズを変えると、脳はそのしぐさに反応しなくなります。

繰り返し、繰り返し、しつこいようでも同じポーズを行っていくのがポイントになります。ポーズを決めることで脳が「ここががんばりどころなんだな。よし、集中しよう」と反応するようになります。

一つのポーズは、最低でも半年から一年やり続けること。単純なようですが、これが目標を現実のものとするための大事なコツになります。

ガッツポーズと同じ効果があるのが、小物の活用です。

赤いネクタイや、黄色いスーツなどを「勝負小物」と称して身につけている人を見たことはありませんか。プロスポーツ選手なども「大事な大会でメダルがとれますように」と、勝負小物を持ち歩いているという話はよく耳にします。

一般的に勝負小物の活用は、非科学的な縁起かつぎに思われがちですが、実は科学的根拠があります。

赤いネクタイや黄色いスーツを身に着け、「がんばるぞ」と思いながら鏡を見ると、網膜を通して脳に情報が届き、これが前部帯状回に刺激を与えることになるのです。

日ごろから五感を通して、脳に刺激を与えられるように、自分なりの「好きな色や小物」を決めておくのもいいかもしれません。

休み時間に「気持ちに福を仕込む」法

「プチ座禅」で脳をリラックスさせよ

人は不眠不休の状態で、長い時間にわたって作業を行うことはできません。情報処理をするときに、脳の中では情報伝達物質が使われているのですが、この物質に限りがあるからです。脳が休みなく働き続ければ、情報伝達物質は枯渇し、脳が上手に働かなくなります。

うつ病の原因は完全にはわかっていないものの、患者さんでうつが原因で自殺をした人の脳の状況を調べると、情報伝達物質であるセロトニンの量が少なくなっていることがわかっています。

一方、上手に気分転換をしてリラックスしたり、目標達成したあとに自分を褒めると、癒し物質とも呼ばれるセロトニンの量が脳内に増えます。脳が疲労していたとしても、セロトニンが分泌されることによって、再びやる気と集中力が蘇ってきます。

長時間の作業の途中には、小休憩をとったほうがセトロニンを分泌しやすくなり、仕事もはかどります。「休みをとるのがもったいない」という気持ちから、たまにぶっ続けに作業を続けている人がいますが、長い目でみると、効率が悪くなるだけです。

目を閉じるだけでも脳を休めることができる

休憩中にやってもらいたいのが、「プチ座禅」です。

座禅は脳にリラックスした状態を示すα波を出す効果があります。清原和博などの野球選手が禅寺で座禅を組むことはよく知られていますが、やる気を蘇らせ、集中力をアップさせるために行なっているのだと思います。

座禅が脳の活性化にいいことはわかっても、実際に禅寺に出向くには、時間もお金もかかります。平日は仕事のために、なかなか出かけられません。そんな人でもできるのが、本格的な座禅ほどではないものの、それに近い効果のある「プチ座禅」です。

やり方としては、椅子に座って行うときは靴を脱ぎ、背筋を伸ばします。普通の座禅はあぐらをかきますが、あぐらは股関節が辛くて素人には大変なので、効果が同じなので正座のほうがいいでしょう。

次に静かに眼を閉じるようにします。修業を積んだ高僧は、半眼と言って、まぶたを半分しか閉じませんが、ここではきちんと閉じてください。高僧は半眼でも緊張状態のβ波からα波に切り替わるからですが、素人ではなかなかできないので、無心になるためにも、眼は閉じるのが基本です。

そうすることで、自然に脳波をα波に切り替えることが可能になります。これができれば、世間で売られているα波を出す高価な装置をお金を出してわざわざ買う必要もありません。

眼を閉じる理由には、もう一つあります。視覚情報は、脳に負荷が多く、普通にボーッとしているときも、脳はそんなに休むことはできません。目を開けているだけで、脳は働いているからです。

しかし、目を閉じた途端に脳はリラックスしてα波を出しはじめます。一〇分程度でも十分にα波を体験することができます。

人間の血液は心臓がポンプの働きをしていますが、これは抹消《まっしょう》に血液を送り出すだけの働きです。送り出された血液が心臓に戻ってくるのは意外と大変です。

頭や上半身は重力差があるために、高いところから低いところへ流れるときはいいのですが、足から心臓に戻るには相当な力を必要とします。

このときに、血液は低いところから高いところに上っていく必要に迫られます。静脈には弁がついているのもそのため。歩くことによって筋肉がその弁を押しあげることで、ポンプの役目を果たすようにできているのです。

ところで、飛行機に長時間乗っていると引き起こるという「エコノミークラス症候群」を知っていますか。数年前に社会問題にもなりましたが、下半身から血液が心臓に戻りにくくなり、血栓となったことによって引き起こされるおそろしい病気です。その血栓が肺に引っかかって血管をふせぐ危険性もあります。

オフィスでは、エコノミークラス症候群にはならないものの、オフィスワークで下半身に血液が滞留して心臓に血液が戻りにくくなり、足がむくむと訴える女性が増えています。こんな状態のときにも、正座は効きめがあります。正座することによって下半身が心臓に近くなり、静脈血を絞り出すからです。脳への血液が多くなり、活発に働くようにもなります。脳にも体にもいい、プチ座禅を、ぜひ実行してください。

自分で負荷をかけることでかえって負荷は軽くなる

「締め切り効果」で脳の働きを促す

目標に向かって集中したいときは、締め切りの日時を決めることが大切です。

目標が達成されるまでずっと努力することは一見、立派なことのように感じられます。しかし、ダラダラ努力することは、脳の機能を落としてしまうだけ。「いいえ、ダラダラせずに、ずっと集中し続けていますよ」という人は、もっとよくない状況です。

締め切りの日時が決まっていると脳が自動的に計算して、そこまで一生懸命がんばろうとします。

しかし、締め切りの日時が決まっていなければ、長期間のストレスに脳がさらされることになります。これが怖いのです。

一般的にストレスがかかると、脳の働きはよくなります。一夜づけで勉強をしたときに、ビックリするぐらいよい点数が取れたという経験は誰しもあるはずです。自分でプレッシャーをかけることによって、ストレスホルモンが一時的に脳の働きをよくしたためです。

原始時代、私たちの祖先は、狩猟中にどう猛な敵に襲われたときなどに、このストレスホルモンによって集中力を高め、命を救われたとも言われています。この恩恵にあずかるのは、短期的にはよいことです。

ところが、これが長期間にわたると脳の働きが悪くなっていきます。ストレスによって海馬の細胞の数が減り、樹状細胞というアンテナの役目を果たす細胞も減るため、脳がボロボロになってしまうのです。

ですから、「ここまではがんばる」という期間を明確に決め、「期日が来れば、必ず終わる」、そして、「リラックスする」というようにメリハリをつけるようにしましょう。自分の脳の状態と相談して決めたことは実行に移すことが大切になります。「自分の脳だから、多少は無理をしても大丈夫」と考えてはいけません。嘘をついて約束を守らなければ、次から信用してもらえません。

そうなれば、いくら「がんばれ」と脳にエールを送っても働いてもらえなくなります。

こうならないためにも、締め切りを決めるようにします。「締め切り効果」を存分に発揮させるためです。

「締め切りが終わればがんばらなくていい」状況を用意しておこう

締め切り効果については、冬山のレスキュー捜索で実行されています。

冬山で人が遭難したときに、捜索隊が派遣されますが、同時に「〇日夕刻で捜索打ち切り」と、捜索する前から決められているのを知っていますか。

実際に決めた日を過ぎたら捜索を打ち切るのですが、遭難した人の家族にとっては、見放されたようで、心穏やかではありません。

大切な身内が見つかるまで、どんなことがあっても捜索して欲しいと願うものです。ですから、非情な仕打ちにも感じられます。

しかし、冬山は非常に危険。救助に向かう捜索隊も命の危険にさらされています。このような厳しい環境下では、捜索隊の脳が、きちんと働かなければ捜査は続けることができません。

ここで「締め切り効果」が応用されるのです。最初に締め切りの日時を決めておけば、脳が自動的に計算して、「そこまでは神経を集中しよう!」と一生懸命に動いてくれるからです。

「締め切りまでがんばるぞ!　そこから先はがんばらなくていい」——酷なようですが、この期限を決めることがとても大事です。

締め切りがなければ、ストレスの状態が永久に続くかもしれないと脳は考えます。高い集中が永久に続けば、脳の神経細胞は破壊されます。こんな状況で捜索を続ければ大変です。二次災害を招くことになりかねません。

そうならないように脳は、わざと機能を落としてボーッとするときがあるのです。ある種の防衛策なのでしょう。

脳が「もうダメ」と訴えるときのリカバリー

「脳の拒否反応」は新・思考回路を作っている証

大・中・小の三つの目標をきちんと立てて、紙に書き出し、「さて、勉強を始めよう!」と机の前に座ったにもかかわらず、やり始めた勉強は五分と続かない。それどころか、すぐに眠くなって嫌になってしまったということがありませんか。

「学生時代には、もう少し長時間勉強ができたはずなのに。社会人になって、頭が衰えてきたのかなぁ」と嘆いているあなた。ちょっと待ってください。

まず、新しいことを始めるときは、脳が新しいことに対して、拒否反応を示すことが多いからです。これは、当たり前の現象です。日常、行なっている仕事や勉強は、すでに脳に回路が完成しているため、いわばその回路を電気信号のようなものが通るだけでよいことになります。

ところが、長年遠ざかっていたり、初めて行うことは、脳が新しい回路を作成しなければならず、そのため大きな負荷がかかります。だから、すぐに眠くなったり、嫌になったと感じるのです。しかし、これはごくごく当たり前のこと。

作業を始めたばかりのときに、疲れを感じたら「脳も新しい回路を作っているんだなぁ。ご苦労さん！　まあ、がんばってくれよ」と自分の脳を励ましながら、少しだけ我慢してみてください。

そうこうするうちに、脳も新しい回路を作ることに慣れてきて、急に回転を始めるはずです。

成功した自分をイメージしよう

とはいえ、無理して三分や五分机の前に座ることはできても、このような精神状態では、長時間机に向かうことは、やはり苦痛をともないます。

前にも書きましたが、「やる気」は持続しなくて当然ですから、途中で嫌になったら「これは普通だ」と思って大丈夫。ただし、これで止めてしまえば、一生、成功を手に入れることはできなくなります。

では、どうしたらいいのでしょう。

脳が「やる気」を出すように刺激を与えればいいわけです。方法としては、好き、楽しいという感情をあえて起こさせるとよいでしょう。

もし、大好きな女性がいたとしても、彼女の姿を想像するだけでは、それほど効果はありません。こんな辛い勉強（仕事）をやめて、デートをしようという発想にすり替わってしまいます。

だったらどうすればいいのでしょうか。

「勉強、好き、楽しい」の三つを結びつける刺激のあるものをイメージするようにします。

夢が叶って成功し、社長の椅子に座っている自分、成功して大好きな彼女から「偉い」と褒められている自分、そんな姿を思い浮かべられるようにすることです。

重要なのは、このようなシーンを具体的に映像化することです。原始的な脳にやる気を起こさせるためですから、文字で書き示すというように、脳が高等な力を必要とされる方法は避けましょう。それでは効果が少なくなるので、注意してください。

さあ、ここでしばし手を止め、頭を休めながら成功した自分を想像してみましょう。どうでしょうか。浮かびましたか。

イメージできたら、即実行に移してください。「明日から始めよう」ではチャンスは逃げていきます。目標を立てたら、いつから始めればいいのか、など余計なことは考えないことです。

完璧なスタートを切ろうとするのはやめましょう。自分の周囲の状況が整ってから、行動しようなどと思っていては、いつまでたっても何もできません。自分に対して逃げの口実を与えるだけです。

思い立ったときがチャンス。ということは、この本を手にしているあなたにとっては、たった今がそのときです。

さあ、未来に向かって行動を始めてください。

第3章

「雑欲」を整理すると生産性は断然高まる

――始めるより「やめる」が達成力を引き出す

夢にも「捨てる整理術」が当てはまる
「あれもこれも」と欲張るのはやめよう

官僚、遺伝子研究者、銀行員、報道記者、NHKアナウンサー、政策担当秘書などは、すべて私が人生の岐路に立ったときに捨ててきたものです。簡単に諦めたものもあれば、決断するまでに時間を要したものもありました。しかし、人は何かを手に入れようと思えば、何かを捨てなければなりません。私たちは上手に生きていくために、そんな知恵を自然に身につけてきました。

「俺が歩んできた人生は平凡だから、そんなに選択肢はなかったよ」といわれるかもしれませんが、深夜のバラエティー番組を見ながら、大好きな缶ビールを飲んでいる。ささやかでもそんな幸せな時間を過ごせるのも、あなたがこの時間を選び取ってきたからです。

私は、現在「吉田たかよしプラス！」という文化放送の朝ワイド番組のキャスターをしています。就寝時間は午後九時ごろ、深夜どころか夜のテレビ番組も生で見ることが、なかなかむずかしくなりました。けれども、まったくつらいとは思いません。自分のやりたいことを、行なっている喜びのほうがはるかに大きいからです。

たまに仕事のつきあいでお酒を飲み、帰宅が夜遅くなったときだけは、睡眠不足で朝起きるのが厳しいものの、同じ文化放送出身の人気司会者、みのもんたさんの生活に比べれば、はるかに楽なことでしょう。

「今のままではいけない」と思うなら、とにかく一歩踏み出せ！

誰だって一日の仕事を終えて家に帰ったあとに、のんびりしながら疲れた体を休め、好きなことをやりながらくつろぐときに、幸せな気持ちになれます。しかし、来る日も来る日も同じ生活であれば、なかなか幸せをかみしめることができなくなってきます。

それどころか、毎日の生活が平凡でつまらないと感じ始めるものです。

もし、あなたが少しでも心当たりがあるようであれば、そろそろ何となく過ごしている毎日に見切りをつけ、新しい一歩を踏み出すタイミングなのかもしれません。

決意とは「何をやらないか」を決めること

いつか何倍にもなって返ってくる分野に自己投資せよ

人生は時間が決められています。そのためか「睡眠時間を削ってでもやりたいことに打ち込もう」と考えがちです。

でも、私としてはおすすめできません。短期間ならまだしも、長い間こんな生活を続けていくのは、脳の働きにとってよくないからです。さまざまな活動の生産性を下げてしまうことにでもなれば、今までの苦労も水の泡。限りある時間をうまく使うにはどうするのか。その方法をしっかりと考えたほうが賢いでしょう。

経営にたとえるとわかりやすいのですが、会社が使える資金や予算は枠が決まっています。経営者はそれらを効率よく使おうと知恵を絞っています。同様に自分にとって大事な分野に多くの時間を投資するとすべてがうまくいくようになります。そのときに投資効率の悪い分野は、思い切ってリストラすることです。

中途半端がもっともよくない

ところがいざ、具体的に時間の使い方を考えようとすると、「何から始めればいいのだろうか」と、これから取り組もうとする内容ばかりが気になってしまうものです。たしかに詳細について検討することも必要ですが、大事な分野を見つけて有効に投資するためには、「何をやらないのか」。それを考えることが最も重要になります。

かといって、人生の中で無駄なことは、実は何一つありません。ボーッとしているのも、体と頭を休めてリラックスするために、大いに役立っているからです。

たとえばパチンコをしたあとに、仕事の効率が上がったという経験はありませんか。気分をリフレッシュしたことで、頭の回転がよくなったためです。しかし、事業投資をするときと同じ考え方で、パチンコが一日の生活の中で、投資効率が悪いものとして分類されるのであれば、切る覚悟も必要です。

自分がやりとげたいことに充分な時間をとりたいのであれば、それよりも価値が低いものは、代償として切り、時間を作り出しましょう。

人生の大局から「今」を徹底して見直せ

自分に見切りをつけられる人になれ

「自分に見切りをつけられる人」と「つけられない人」の大きな違いは、経営的判断、マネジメント的判断ができるのか、ここが分かれ道になります。

見切りをつけられない人は、どちらかといえば欲張りなので「これもあれも大事」と考えてしまい、すべてを抱え込もうとします。よくよく考えれば、投資効率が悪いにもかかわらず、一定の効率があがっていれば、それが惜しく感じられて見切れないのでしょう。こうして、さまざまなものを抱え込んでしまうわけです。

その結果、朝、起きてから自分が決めたことを順番にこなしていくのですが、絶対量が多いために二四時間はあっという間に過ぎてしまいます。決めたことを懸命になって取り組んでいるわりには、焦燥感ばかりが募り、気持ちは満たされません。

どうしてこうなるのでしょう。

自分にとって最も必要なことが、意外とたらい回しにされていたり、中途半端なままで終わっているからです。このままの状態を続けていると、大切なことを積み残したまま、人生を歩んでいきかねません。

ここから抜け出したい。そう願うのなら、まったく無駄になっているわけではないけれど、自分にとって行う価値が低いものを思い切ってカットしていくことです。ただし、これを感覚だけで行なっていくと、「あれも大事、これも大事」となってしまい、再び迷ってしまうことになります。

自己改革に痛みがともなうのは当たり前

本のための執筆活動をするときにも、よくこれと同じことが起こります。文章を書いているといろいろなアイデアが生まれてきて、あれも入れたい、これもおもしろいというふうに感じてきます。

どの部分も必要に思えてきて、どこもカットできなくなってしまうのです。こうして書き足しているうちに、収拾がつかなくなるのです。

ときどきマスコミで取り上げられる霞ヶ関の役人たちをリストラできないという問題もそうです。世間から「今の官僚機構は大きくなり過ぎている。小さな組織にして、スピーディーに要望に対応して欲しい」と要求されていることがわかりつつも、なかなか手がつけられていません。

霞ヶ関は長い間、官僚機構が肥大化することで、より多くの予算をもらい、より大きな事業をやっていく自己拡大型の組織としてやってきたからです。

そのため役員たちにとっては、どの仕事も大事に思えてしまい、自分たちの手でバッサリ切ることができないのです。ここを抜け出し、組織を小さくしたいなら、世論という外からの圧力、あるいは政治の力で行うしかありません。

自分の人生のリストラも同じことで、感覚や感情だけに頼ってやろうとするのは、非常にむずかしいと言えます。なぜなら、今、あなたがやっていることは、自分の気持ちの中で一定の価値を見出していることだからです。ボーッとしてしまうのは、「何も考えずにのんびりしていたい！」という気持ちがあるからでしょう。

それを今からバッサリと切るのは、痛みがともないます。政治改革に痛みがともなうのと同じで、よほどの覚悟を決めてなければ自己改革はできないのです。

「時間がない」人の時間の探し方

時間の棚卸しで頭の中をスッキリさせる

痛みをともなってまでも、自己改革に取り組めるのか。ここを整理するためにもまずは、自分の考えていることを紙に書き出してください。

具体的には、「一日の行動」を、朝から順番に書いていきましょう。キレイに書くことではなくて、思いついたまま、すべてを書き出すようにしてください。

ペンを走らせているうちに、後から細かな行動も自然に思い出してくるものです。ここでは細かさよりも、できるだけ朝から夜までを時間の経過にそって書くことが大切。もし、時間の前後が生じたとしても、気にしないでどんどん書いていくようにします。

書き終わったら、一度、手を止めます。書き出した項目全体を眺めながら、その項目の中から「今後はやめてもいい」と思える順番で消していきます。どの項目をどこまで消していくのかは、自分が新たに必要とする時間によって変わってきます。「いくつまで消そう」と、決めないほうがうまくいきます。

こうやって作業を進めていくと、一日中、忙しく動き回っていたように思っていたのに、案外、一日の中で無駄にしている時間が見つかるものです。無駄ではないけれども、有益性の低い時間があることにも気づきます。

こんなときにほとんどの人が、無駄な時間を先にどうにか減らしたくなるものです。でも、ここではグッと我慢。有効性の低い二割の時間を見つけ出すことを優先させてください。

リストラする時間を見つけよう

次は有効性が低いと判断した二割を、自分にとって必要なものと順番に入れ替える作業を行います。

同時に自分がこれからやりたいことを紙に書き出していくのですが、自分の人生にとってどれが有益なのか。あるいは、満足できるのはどちらなのかを比較するためです。

あとは有益度、満足度の低い順番からどんどん消していけばいいだけです。

こうした手順で進めていくと、どんな人であってもリストラすべき時間は見つかります。私の知っているかぎり、見つからなかった人は一人もいませんでした。

頻繁に「スクラップ・アンド・ビルト」という言葉を耳にするようになりました。企業改革や国が行政機構の改革を行うときなどにも、「スクラップ・アンド・ビルト」が行われます。

その手順を見てみると、どんな場合でも無駄なもの、必要性の低いものをまずはスクラップすることから始まります。

不要なものを捨てて、新しく必要なものをたてていくステップを踏みます。「ビルト・アンド・スクラップ」することはありません。

どうしてでしょうか。

今あるものをつぶしてゼロにした状態から、余力となる資金を用意し、時間的余裕を持って、新しいことに取り組んでいくほうがうまくいくからです。

企業や国がこの順番にこだわるのは、きちんとした理由があります。自分の時間を作りたいときも考え方は同じです。スクラップ作業がうまくできたときに始めてビルト（新しく創る）もうまくいきます。

威勢よく始めて半端で終わりがちな人に

「未来の自分」と対話をしてみよう

紙に書き出すことには、どのようなメリットがあるのでしょう。

一つめは、役割が異なる脳の前頭連合野（論理的思考力を扱っている）と大脳辺縁系（感情を扱う）を切り離していくことができることです。これについては、後でくわしく説明します。

二つめは、記録に残すことで、自分の考えを後から見直すことができることです。「スクラップ・アンド・ビルト」や「自己改革」は、残念ながら一時的な勢いで実行に移しても身につきません。国の改革と同じことです。

たとえば世間で大きな事件が起こると、それが話題になってワーッと国全体が盛り上がり、関連する法律の見直しが行われたり、改革のスピードをアップさせる場合があります。そのときは良い方向に解決策が見つかったように思えます。しかし、一時的な感情で進めた改革は、長い目で見ると、うまくいかないケースがとても多いものです。

自己改革も、「私はこういうことをしたい」と一時的な感情で突っ走ってしまうと、必要なものまでリストラしかねません。こうして大切なものまで失ってしまうことになります。

その場の雰囲気や気持ちの盛り上がりにのまれるな

自分の感情ばかりに頼ると、その場の雰囲気や気持ちの盛り上がりで物事を進めてしまい、核心となる部分に十分にメスを入れることができないこともあります。

毎日の時間の使い方を考える場合は、もう少しゆったりと構えて、長い期間に渡って検討する必要があります。その点からいっても、紙に書いておくとリストラの作業を書面上に残しておくことができて便利です。

「未来の自分」と相談しながら「自己改革」をしていくこともできます。リストラの作業をするときは、必ず紙に書きだす。そして書き出した紙は、捨ててしまわないように気をつけましょう。

大改革ほど「微調整」が欠かせない！

常に第三者的な目で自己チェックしよう

自分の未来を書き出す習慣が身についたものの、なかなか思い通りにいかない。そう嘆く人がいます。夜、自分の部屋で一人になったときにゆっくり自己改革に取り組もうとするからでしょう。この時間帯に作業を行うと、「今日、自分の行動が納得できなかった」。あるいは「何かやり残したようなもやもやした感じがする」「自分の一日はこんなものではないはずだ」など、どちらかというと、反省の気持ちを込めた自己改革になりがちです。

夜は自律神経の中の副交感神経が優位になっているので、感情的に判断しがちだからです。時としてその片寄った判断が、本当に自分がやりたいことと正反対のことを優先させることになり、大事なことをスクラップしてしまう危険性すらあります。こんなふうに感情に流されないようにするためにも、「スクラップ・アンド・ビルト」していく過程は、ぜひ書面に残しておくことが大切です。

もし、夜に書き出したものであれば、翌日の午前中にもう一度検証してみることです。さらに一週間後、一カ月後と一定の期間を隔てて、何度か検証するようにすると、自分の判断が正しかったかどうかを確認していくこともできます。

「これがやりたい!」と思えたら、そのまま突き進んでみよう

やりたいことに核心がもてたら、あとは迷わずにそのまま突き進んでください。万が一、方向が違っていたとしても、気がついたときに修正を加えればよい。それぐらいの余裕を持って行えばいい、と私は思っています。

国の改革を見ていると気づきますが、「改革! 改革!」と声高に叫びすぎたために、今と状況を変えることばかりに目がいってしまっているときがあります。そうこうしているうちに、本質が見えなくなってしまい、現状を変えることばかりに気が向いてしまいます。こうして大きく方向性を間違えてしまうわけです。

ところが、進む方向を注意していたにもかかわらず、間違えてしまうこともあります。

このようなときは、臨機応変にもとの方向に揺り戻せばいいだけのこと。逆に改革のスピードが遅すぎると後から判断したのなら、そこから一層の改革を進めていくことも考えられます。

もう一つ、自己改革を進めるときには、「一日のルールを決める自分」「決めたものにしたがっていく自分」という二つの側面を持たせることも大事になります。「こうやる！」と決めたら終わりではなくて、「決める自分」と「その指示にしたがって行動する自分」とを共存させておく。

つまり、二人の自分とうまくつきあっていくようにすれば、やりたいことを思ったように進めることができます。

ムダは「やめる」よりは「最小限にする」のがいい

「人づきあい」のはしごで時間を有効活用せよ

まったく無駄というものは、排除すべきですし、有益性の低いものも排除しなければなりません。しかし、有益性が低いとはいえ、カットするとなれば当然のようにマイナス面は出てくることでしょう。このようなときは、マイナスになった部分をそのまま放置せずに、フォローのしかたを考えることが必要になってきます。

ここではマイナスを回避する方法について、人とのつきあい方を例にとって説明していくことにします。

多くの会社員は、社内や取引先とのつきあいなどに、たくさんの時間を浪費しています。そのため「何か資格試験を受けたい！」「新しいものに挑戦したい！」という気持ちになったときに、人とのつきあいを減らせば、勉強する時間ができる。そういう理由で、今までのつきあい一切を断り、その時間を振り向ける人がいます。あるいは早く帰宅した時間は早く寝て、翌朝、早起きして勉強にあてる人もいるようです。

勉強する時間を作り出すために、何らかの工夫を施すこと自体は、悪いことではありません。しかし、人とのつきあいをカットするのでいいのでしょうか。無駄な時間をカットするのであればいいのですが、これでは人間関係を悪化させるなど何らかの支障をきたしてしまいます。正しい考え方は、人とのつきあいをゼロにするのではなくて、最小限に抑える努力をしていくべきだと思います。

政治家流・合理的時間術を参考にしよう

では、どうすればいいのでしょうか。

飲み会の参加方法を変えればいいだけのことです。ほとんどの人は、飲み会を兼ねた会合があると、そこで三時間、四時間と長い時間をかけて飲んでいます。人間関係を円滑にするにはいいのですが、時間的なパフォーマンスは時間の経過とともに下がってきます。かといって、まったく飲み会に顔を出さないのでは、人間関係を悪化させかねません。

私がおすすめしているのは、「飲み会の日」を決めてしまう方法です。できるだけ一日でいろいろな会合をすませてしまう、とても合理的なやり方で、政治家がよく実践しています。政治家は、どうしてこのような方法を思いついたのでしょう。

有権者の投票によって今の地位を得ている彼らにとってみれば、多くの支持者から会合に呼ばれることは、とても名誉なことです。しかも、会に出席することは、今後の票集めのためにも大切な仕事の一つです。多くの人たちと会うために、一日にいくつかの会合をはしごするわけです。

しかし、自分のスケジュールを優先させたいからと、出席者が楽しんでいる会合の途中で、「では帰ります」と唐突に席を立てば、一気に座がしらけてしまいます。

支持者から「まだ、帰らないでくださいよ」「さっさと帰るなんて、冷たいね」と言われたのを振り切ってその場をあとにでもすれば、周りの人たちに悪い印象を残します。

こんなときに政治家がよく使うのが、「別の会合があって、そちらにも顔を出さないといけないので……」です。こう言われれば、支持者は「しょうがないね」「忙しいんだなぁ」「がんばれ！」と、意外に温かい視線で送り出してくれることが多いからです。

どうでしょう。この方法を参考にすれば、人とのつきあいもできて、しかも自分の勉強の時間もたっぷりとれることになると思いませんか。

このほかにも異業種交流会などの出席も、取りやめたくない会合です。うまく時間を使うには、さまざまな場所で交流会は行われているので、四つか五つぐらい顔を出せる会に加入しておけば、かなりの確立で自分が決めた「飲み会の日」と会合の日が一致します。こうして人脈をうまく広げていくこともできます。

夜の会合はどうしても長い時間、束縛されるので、昼に会合を持つのも合理的な方法です。昼にコミュニケーションを取るようにすれば、時間を有効に使うことができます。また、社内の人間関係を築くには、ランチを利用すると便利。社内で食事をしながら、勉強会を開くのもよいですし、もし、外食するのであれば、違う部署の人を誘ってみると、普段とは違う社内の情報も耳に入ってきます。いずれにせよ、ランチなら一時間以内の会食で交流会を行えるうえに、参加者との人間関係も保てます。職場の実情に合わせて、いろいろとやってみる価値は十分にありそうです。

工夫次第で、時間は有効に使えます。「自分にとって生産性が低いものをリストラしたいので、人との会食は一切やめた！」というのではなくて、これからはダメージを最小限に抑えられるやり方はないのか、工夫もしてみてください。

第4章

手ぎわよく「グズを断ち切る」ために

——無理より「整理」が速さを引き出す

苦手意識で自分を窮屈にしない
「ポジティブシンキング」で苦手を包み込め

私は人前で話すことが好きですし、プレゼンテーション（プレゼン）も得意です。「吉田たかよしプラス！」の番組がスタートする前にも、私がプレゼンを行う機会がありました。でも、メインキャスターを決めるためのものではありません。

メインキャスターに関しては、他の番組に出演したときの内容が評価されて、あっさりと決まっていたからです。当時、「辻よしなりのラジグラ」という二時間番組がありました。メインパーソナリティーの辻さんが夏休みのときに、私が一度だけピンチヒッターを務めたのですが、その番組の評判がよく、改めてプレゼンをする必要がなかったのです。

ところが番組が始まる前に、大仕事が待っていたのです。広告代理店の人たちの前で、

「新番組についておもしろおかしく語らなければならない」。そんな高いハードルが待ちかまえていました。代理店の人が番組のスポンサーを探してくれるのですが、もし見つからなければ、コメンテーターやゲストは呼べない。それでは番組が成立しません。

通常、どんなにおもしろいプレゼンをしても、代理店の人たちはクスリとも笑いません。それを知っている文化放送の担当者は、私のことを心配してくれたのでしょう。「どんな反応だろうと、気にしないで大丈夫ですから」と事前に耳にいれてくれたほどです。

こうして迎えた当日。私は広告代理店の人たちの前で、「ライブドア事件」に関する見解などを話しました。多少なりの手ごたえを感じられる話ができたこと。さらに、営業担当者の力添えもあり、すんなりとスポンサーについてもらうことができたのです。こうして「吉田たかよしプラス!」の番組はいいスタートを切ることができたのでした。

私はこのように人前で話すことは得意です。ところが、字を書くことがどうも苦手で、好きになれません。職業柄、サインをよく頼まれますが、それも得意とは言えません。

ある出版社から本を出したときのことでした。担当者から「一〇〇冊ほどサインをして欲しい」と頼まれたのです。著者サイン本というのは読者に人気があるらしく、書店ではレジ近くの目立つところにディスプレーされているのをよく目にします。この出版社もそれを狙ったのでしょう。

しかし、同じ出版社で二回目に本を出したときには、一冊もサインを頼まれませんでした。このときばかりは、私のサイン本を目にしていた友人議員が、「天は二物を与えず」と言って、高らかに笑っていたことを思い出します。

こんな私とは対照的なのが、議員として活躍している人たちです。人から頼まれると、さらさらと、しかもキレイな字で自分の名前を書きます。選挙の投票時に有権者から自分の名前を書いてもらわなければ当選できないため、名前を書くことに強い思い入れがあるのでしょう。それにしても、どんな状況にあっても、にこやかにサインをしている姿を目にするたびに感心します。

「ネガティブに考えないこと」と「苦手なことを無視する」のは違う

人にはそれぞれ好きなことや嫌いなこと、得意なことや苦手なことがあります。人前で話すことが好きでも、会社のプレゼンは苦手な人。ネットサーフィンやブログを書くために、何時間もコンピュータの前に座れても、デスクワークは苦手な人。誰もが好きなことだけをして生きていければ、これほど幸せなことはないのですが、人生はそうそう思い通りにはいかないものです。

「成功したい！」。そんな強い思いがあるのなら、仕事や勉強をするときに生まれる苦手意識から抜け出すことです。得意なことを伸ばしながら、不得意なことを克服していく。その両方を身につけなければいけません。

言うのは簡単ですが、人はもともと不得意なことから逃げようとする習性があります。でも、この「逃げ」を断ち切らないと、思い通りにものごとはすすまないわけですね。つまり、不得手なことを真正面からとらえて、克服する方法を論理的、客観的、冷静に見つけ出せるどうか。ここが成功できるか、そうでないかの分かれ道になります。

でも、ネガティブな感情は人間の能力を低くするばかりで、プラスには働きません。社会で成功している人は、普段から物事をよい方向に捉えていく、ポジティブシンキングをしています。

苦手なことは事実なのですが、それを無視したり、目を背けてはいけません。ネガティブに考えないで、苦手な分野を良く知ったうえで、それに対してどう対処したらうまくいくのか、その方法を見つけ出すことがとても大切になります。

「現実問題」と「感情問題」を分断せよ
物事の本質が見えたときに苦手意識は消える

よく「苦手、不安、嫌い」という感情をごちゃまぜにしてしまう人がいます。自分が苦手としている原因を見つけ出したいなら、そこに渦巻くさまざまな感情を切り離して、とにかく冷静に客観的にものごとを考えていく力を磨くことです。

「これは得意ではない」という能力の客観的評価と、「どうなるのか不安」「何となく嫌い」という感情を合成してしまうことが問題です。苦手なことは、失敗する可能性があります。それが不安感を生み出す原因になるのですが、この気持ちを切り離さないと、いつまでも苦手意識は克服できません。ここはキッパリと線を引く必要があります。

つまり、「好きな分野と嫌いな分野」「得意な分野と不得意な分野」を分けて考えることができなければ、自分がどういうことに対して、喜びを見いだせるのか、その判断を間違ってしまいます。

「不安、嫌い」は感情であり、「得意、不得意」は能力の客観的評価です。この二つをうまく分けたいなら、頭の中であれこれと考える前に紙に書き出してみましょう。

たとえば仕事で失敗をした場合に、頭の中だけで考えると「失敗をした嫌な一日だったなぁ」となって、気持ちが暗くなるばかりです。

感情と論理的な思考が整理できなくなっているわけですね。大脳辺縁系の扁頭体が作る原始的な感情と、前頭連合野で分析する論理的な思考が一緒になっているから、こういう事態を招くわけです。こうなると現状分析をしたり、正しい解決策が見つけられなくなります。

では、どうして感情と論理的な思考が混ざってしまうのでしょうか。

考えごとをしているときは、思考力を生み出す前頭連合野を中心に使いますが、海馬という器官の力も借ります。海馬は大脳辺縁系（感情を生み出す）の一部で、記憶をつかさどっています。人が悩んだり考えたりするとき、この海馬の記憶の能力も使い、いろいろな情報を操作し、処理していきます。

「なぜ、苦手意識があるのか」。それを論理的に判断決定しようとしているのに、海馬の力も借りながら分析し、評価していこうとすると、大脳辺縁系の占める割合が頭の中で序々に増えていきます。前頭連合野を使って客観的に判断するべき部分に感情が入り込んでいくために、適切な情報処理がむずかしくなるわけです。

ところが、自分の失敗を紙に書き出すようにすると、その瞬間に大脳辺縁系の記憶に頼らなくても判断ができるようになってきます。

本来、記憶に一時的に残しておくべき情報が、目で見て明らかにわかるようになったためです。大脳辺縁系がかかわる割合が少なくなればその分だけ、客観的で冷静に物事を見極める余裕が生まれてきます。こうして感情と能力の客観的評価が可能になります。

失敗したら、その要因を思いつくまま紙の中に表現せよ

「失敗」を紙に書いて分析するための方法を説明していきましょう。

まず、自分が苦手なことや失敗したこと、うまくいっていないことを箇条書きにしてみてください。

たとえば「上司への報告に失敗した」と書きます。失敗をさらに分析するために、できるだけ細かく分析するのがポイントです。

日本人は分析自体に慣れていないために、どうやろうかと悩んでしまい、先に進まないことがよくあります。とりあえず、あれこれと考える前に失敗に関連したことは、何でもいいから書き出してみることです。

「上司への報告に失敗した」と書いたら、それがどう失敗したのかを書きます。「内容が相手に伝わりにくかった」「相手の感情にさわる表現をしてしまった」「内容が間違っていた」などです。「上司を怒らせてしまった」と書いた場合は、なぜ怒らせてしまったのか、それを思いつくままに書いてみます。

「言葉の使い方がまずかった」→「用語が伝わりにくい使い方」「失礼な使い方」「敬語が間違った」など、思いつくままに一つの物事を分解していきます。

クリスマスツリーを書いていく要領です。一つの大きなテーマを分解して三つの要素にする。それをまた、いくつもの細かい要素に分けるというふうに、どんどん分解していきます。

大切なのは分析が正しいのかどうかよりも、まずは書き出してみることです。内容が適切かどうかの判断は、後からすればいいと割り切ってください。

失敗をカバーするのに役立ちそうな武器は、いったん手に入れてみる。次に武器の中で不要なものを探していくようにします。すると、自分の失敗がどういうものなのかが、だんだんと見えてきます。一連の作業をすることによって、苦手の原因がはっきりしてくるようになります。

「やり方が悪かった」のが原因だとわかれば、まったく同じ状況をもう一度繰り返したときに、「今度はこうやればいい」という方向も見つかってきます。その瞬間に問題だったことも苦手な領域からはずれ、不思議と「できること」に変わっていきます。ただ一度にすべてがうまくいくとは限りません。

分析してみたら「自分の能力的なものが周囲の人間よりも劣っている」「どうしてもできないこと」というマイナスの要素が見えてくることもありますが、やり方を変えれば、失敗を克服できる場合もあります。失敗したまま、うやむやにしておくよりは、大きな進歩が見られます。

あたかもゲームをしているような感覚で、「自分が勝利を手にするためにどういう作戦を取ったらよいのか」を冷静に考える習慣をつけることが大事です。

これだけでも苦手意識は、かなり小さくなりますし、自分自身を客観的にとらえることができます。

致命傷か軽傷かは「心の備え」が分ける

将来が予測できれば不安感は払拭できる

失敗をしたり、苦手なできごとに直面すると、誰もがもやもやした気分になるものです。

気持ちが不安定な状況におちいると、もっともっと嫌なことが起こるのではないか、そんな不安にかられ、ときには心臓までもドキドキしてきます。これが「苦手なことは嫌い」という意識を生み出すのです。

つまり、失敗したくないとか、苦手なことが嫌だという感情は、先行きが見えない将来に対する不安感が主な原因となっています。

この不安な気持ちを小さくしていくためには、自分にとってプラスになったことも、マイナスになったことも常に分析する癖をつけるとよいでしょう。不安感を取り除く最も大切なことは、将来が計算できる、あるいは予測できるようになることです。

自分にとってネガティブに思えるできごとは当然、将来にも起こってきます。それは予期しない嫌なことです。しかし、もやもやとした暗中模索とはレベルが違って、今までの得体の知れないものへの恐怖感ではありません。

たとえばテニスやゴルフなどのスポーツが、不得意な人がいたとしましょう。どんなに練習しても上手になれなければ、プレーするのが嫌になってきます。では、ここで自分自身のプレー中の姿をビデオに撮って眺めたらどうなるでしょうか。

最初はそのぶざまな姿を見て愕然とするかもしれません。目を伏せたくもなります。自分がイメージしていたのとは、まったく違ったフォーム、腕の振り、足の運び方がそこに映っている場合がほとんどだからでしょう。

でも、うまくテニスができない原因がわからなければ、漠然と自分はスポーツに向いていないとか、運動神経が悪いとか、卑下するだけ。欠点がわかれば、そこを修正して練習すればいいのがわかってきます。仕事の失敗も同じことです。

自分が苦手としている領域に関しては、先取り精神でいきましょう。こういうケースには、このように対処しようと、常に自分の中で決めておくようにします。何が起こってもうろたえることなく、苦手なことにも取り組んでいくことができるようになります。致命的な失敗をしないための合理的な方法です。

勇気ある撤退が局面を変える

今後、自分がどういうふうに努力していくのかを考えるときに、明らかに自分の能力が、その方向に向いていないことに気づくときがあるかもしれません。また、自分が置かれている環境に適していないケースも考えられます。そういう場合は、思い切って勇気ある撤退をしてみてはどうでしょう。

根性論では、「一度、やりはじめたことは、何が何でもやり遂げる」「途中で止めることと自体が悪いことだ」「周りがやっているから自分もやらなければならない」と言われます。特に日本人は、精神論が大好きですから、無理をしてもやり通そうとします。

しかし、長い人生の中でマイナスになると思えば、早く捨て去ったほうが自分のためになることもあります。

私は大学時代、公務員試験Ⅰ種を受験し、合格しました。その受験科目に民法や刑法などの法律がありました。もちろん公務員試験の法律は、司法試験ほどのレベルではありません。しかし、法律の勉強をするにしたがって、その勉強がとてもおもしろくなってきたのです。

また、私は人と話す、他人を説得する、論破する、ディベートも得意でした。弁護士は個人の権利や財産、自由、その人の人生にかかわる、命の次に大切なものを守ります。それが非常に魅力的で有意義でした。

友人からも「弁護士という職業が向いているのでは？」と言われたこともあります。自分でも天職かもしれないと思えて、本格的に司法試験を目指そうと考えた時期もありました。

ところが、司法試験の二次試験には筆記があります。合格ラインに達するには、非常に早いスピードで多くの量の答案を書かなければなりません。この書く量が半端ではありません。

サイン本の話をしたように、私は字が下手で書くスピードも遅いほうです。もちろん、練習すればある程度のスピードは確保できるのでしょうが、司法試験の二次試験を突破できる水準に達する確信が、その時点で得られなかったのです。

貴重な時間を司法試験本体の勉強ではなく、字を書く練習に費やしたくなかったのが、その司法試験の勉強をやめた大きな理由です。

そして私は、人の命を直接守る医師という職業を選びました。

私の経歴と取得している資格の多さを見た人からは、冗談で、「あとは弁護士免許を取るだけですね」と言われます。

たしかにそうかもしれませんね。今でも、司法試験に合格する自信は結構ありますから。でも、資格マニアでもない私が、貴重な時間を字をきれいに速く書く練習に使ってどうなるのでしょうか。

あまり有意義な時間の使い方とは思えません。それもあって、司法試験に挑戦するつもりはありません。

自分を何倍にも自由にする「オープン時間」のすすめ

「やらないこと」を決めることから始めよう

「将来の方向性を決めていくために、何を捨て去るか」。長い人生のうちには、この判断をすべきときがあります。そのときにも、自分が考えていることを紙に書き出すことは、非常に重要な意味を持ちます。

頭の中だけで判断すると、おかしな倫理観や変な精神論を持ち込んでしまいがちです。自分の大切な将来の判断を間違い、貴重な人生の一ページを損いかねません。人生そのものを棒に振るケースもあります。それでは、もったいないと思いませんか。

将来を決めたいときは、もう一度、スタート地点に立ち返って、今後の自分の方向性、目的、どうがんばろうとしているのか、それを考えて見つけ出すことが必要になってきます。自分が取り組むこと、取り組まないことをしっかりと分けなければなりません。

人は無意識のうちに、目の前に用意された仕事や勉強などは、やって当然と思っている節があります。周りがやっていること、会社が要求していること、自分の同僚が要求していることなどがそれに当たります。でも、やったほうが良いことと、そうでないことがあります。また状況を考えると、できないケースだって考えられます。

一日二四時間という限られた時間の中で、能力、環境などを考えたときに、どういうことに取り組めば一番自分にとってプラスになるでしょうか。よく考えて、しっかりと取り組むこと、取り組まないことの線をつけるべきです。そのためにも、考えていることを紙に書き出す方法はとても役立ちます。

取り組まないことを判断するためには、書き方が問題になってきますが、どのように書いていけばいいのでしょうか。

まずは、紙の真ん中に線を一本引きます。その線の左側に取り組むこと、右側に取り組まないことを書きます。上に表題を書いて、そこに箇条書きをしていきます。当たり前のように思えますが、これをやらないと、どんなことでも取り組んだほうがいいと思えてきます。

自分が自由に使える時間を二四時間の中でひねり出せ！

人生の中で何かに取り組むことは、何かを捨て去ることを意味します。つまらないことに一生懸命取り組んだために、本来、取り組まなければならないほかのことが、時間的な制約を受け、犠牲になります。こういう選択の間違いをしないためにも、紙に書くようにしてください。

紙に書き出して前向きな考え方をした結果として、取り組まないことを増やしていくことが今の自分には大事である、そんな結論が導かれるケースもあります。一般的には取り組まない、やらないことを「あの人は楽をしている！」と批判する人たちもいますが、そうとはいちがいには言えません。

みんながやっていることをやらない、捨て去るのには非常に勇気が必要なことです。たとえば会社の中で周囲の誰もが当たり前のようにやっている仕事や作業を「私はやりません！」と宣言したら、陰口をたたかれるかもしれません。

でも、自分がやるべきことと、そうでないことを峻別《しゅんべつ》する習慣を持ち合わせていなければ、あたかも川が上流から下流に流れるように、人生もダラダラと会社の周囲の環境に流され、果てに呑まれてしまうだけです。そうならないためには、あえて自分の心を鬼にしてまでも、取り組まないことを見つけていくべきです。

それからもう一つ。自分にとって「オープンスペース」となる場所を見つけるようにしましょう。サッカーの試合で勝つためには、いかにオープンスペースを見つけ出すのか、ここがとても大事になってきます。人生も同じことです。

ぜひ、自分にとってオープンスペースになるような時間帯、自由に使える時間を二四時間の中でひねり出してください。そして時間を有効に活用していくようにしましょう。

人生を変えたいなら時間の投資先を変えることだ

「あれもやる、これもやる」を断つ

できの悪い会社は、リストラが非常に苦手です。「あれもやる、これもやる」では、会社に無駄なものが蓄積されていくばかりです。それに比べて業績を上げている会社は、リストラを上手に行なっていきます。リストラはリストラクチャアリング（再構築）の略ですが、廃棄すべきものは廃棄し、そこに新しいものを建てていく。このような意味があります。

人生も同じことです。リストラしていくためには、「やらないものは、やらない」ときちんと決めるべきです。本当にやるべきところに自分の全エネルギーを投入していくようにします。

会社は採算性の悪い事業を片っ端から全部やめて撤退し、収益性の高い事業に人員であったり、資金を集中的に投下します。これが収益の拡大に役に立ちます。同じように人生も自分が持っている資源は一定です。少なくとも自分の人生の持ち時間を何歳まで生きられるのか、そのあたりはわかりませんが、必ず天寿があります。

必ず自分の人生は、終わります。私は医師という職業柄、多くの人の死に直面していますが、どんなに素晴らしい人であっても、資産家も有名人も老若男女、あまねく人生の終わりが訪れます。

大部分の人たち、特に若い人たちは、自分の人生に終わりがあることを頭でわかっていても、感覚的にピンときてないのが現状でしょう。だから命を粗末に扱うところがあるのかもしれません。

会社の資金が足りなければ、資金調達はできます。しかし、それぞれの人に与えられている時間は限られているので、ほかからの調達は一切できません。会社の経営を健全化するためにリストラは大切ですが、それ以上に、時間のリストラには厳しく当たっていかなければならないわけです。

そうでないと、成功は手に入れられません。それどころか、満足できる人生からどんどん遠ざかっていくばかりです。

自分のために、どう資金を投資するのか

こうしてリストラが終わったら、次は新しいものを構築していきましょう。そのためには、現在、自分が与えられているさまざまなリソースを棚卸しして、見直すことです。自分の資金をどう投資していくのか。それを考えるのも一つの方法でしょう。もちろん豊富な資金があれば、それに越したことはありませんが、限りある資金を最も有効に活用することを考える。このことが大事になってきます

今、あなたには貯金がいくらありますか。その貯金を新しいことを勉強するための資金として使うのか。貯蓄して将来の何かに備えるのか。それともレジャーを楽しむのか。レジャーを楽しむことで心理的に内面からリフレッシュして、生産力の向上に貢献するのか。そう考えれば投資だと考えられます。

ただ現実から目をそむけたり、場当たり的な発想で投資するのだけはいけません。冷静に分析し、判断していくようにしてください。自分自身をしっかりマネジメントしていかない限り、大きな成果を手に入れることはできないからです。

先送りも期限という伴走者つきなら効率化に役立つ
「タイミング」がよければすべてよし！

取り組まなければならない大切なことがあるのに、ついついそれを先送りしてしまうことがあります。世間では「先送りは悪いこと」の代名詞のように言われていますが、事実、日本の不良債権問題は、先送りしたためこれだけ大きな問題となりました。

バブルがはじけてからを「失われた一〇年」と言いますが、不良債権問題を初期の段階で対処すれば、半分以下の年数で、不況から脱出できたともささやかれています。こう考えれば、先送りは避けたほうがいいわけです。

国の問題だけではなくて、私たちも常に先送りをしています。今やるべき仕事を先送りしている間に期限が近づいてくる。

期限が近づいてきて、すごく大事な仕事であるにもかかわらず、期限前にガタガタやっつけ仕事でやってしまって失敗をする。そういう点で、先送りが良くないのは当然です。

しかし、先送りがすべて間違っているのかといえば、そうではありません。「企画書を出して！」と言われたのに、何も思いつかないときもあります。思いつかないのは、やる気がないのとは違います。一生懸命になって考えても、自分の脳で情報が整理しきれていない。つまり、自分に十分な情報が集まっていない段階で、提案書や企画書を書くことに無理があるわけです。

人生の中では、大なり小なり時期尚早などで、すべての要素を先送りしなければならないこともあります。このときに、絶対にやって欲しいのは、「積極的な先送り」です。逃げの先送りだけはしてはいけません。

逃げとは「今やりたくないから、とりあえずいっとき楽をしてから考えよう」という消極的な先送りのことです。

これはまさに、不良債権問題で日本の国家がやってしまったことでした。あるいは、霞ヶ関の官僚がよくやりがちです。本来、責任ある立場の人たちは、国民の幸せや将来の子孫の繁栄を考えるべきです。

そのためであれば、多少の痛みをともなってでも決断すべきで、その事項を先送りしてしまうのは、絶対にダメです。

「先送りは明日の朝まで」と期限をはっきりさせる

私が提唱している先送りは、「積極的な先送り」のことです。客観的にみて今やるよりも、将来のほうが効率よく行えて、自分にプラスになると判断したから、先送りするわけです。

このように理由があるなら、どんどんやりましょう。積極的な先送りだとわかっているのに、それに罪悪感を感じていたとしたら、自分にとってマイナスになるばかりです。そのような気持ちは改めてください。

では、積極的な先送りをするには、どうすればいいのでしょうか。いつまで先送りするのか、その期限を明らかにすることです。消極的な先送りは、自分が楽をしたいというだけのことなので、期限をはっきりと示せません。また、明示したくないために、ついダラダラと先に無目的に延ばしてしまうことにもなるのですが……。

その点、積極的な先送りには目的があります。「新しい情報が入ってくる明日の午前一〇時までは先送りしよう」「明日の朝まで先送りしよう」という期限がはっきりとします。

人間のアイデアは寝ている間、正確には夢を見ているレム睡眠の間に、脳が活発に働いて自分の側頭葉に隠れているアイデアを上手くまとめることができます。こうして新しい企画が生まれてくるわけです。

考えがまとまらないときに、夜の睡眠をはさむことは非常に大事です。アイデアを練るための翌朝までの先送りをしてもOK。ただし、いつまで先送りするのか、その期限だけは、はっきりと明示しておきましょう。

行動の「燃費」をいつまでも落とさないために

案件を「再検討」する時間を惜しむな

積極的な先送りをしているつもりなのに、いつの間にか消極的な先送りとなってしまうことがあります。

どうして、このようなことが起こるのでしょう。

再検討をしなかったためです。

たとえば新企画を考えることになったとしましょう。「今はできないが、二時間後であれば考えられそうだ」と判断し先送りしたとします。二時間後に、もう一度、考えてみようと思ったものの、どうもうまくアイデアが浮かびません。

このときに、できないからと嘆く必要はなくて、「さらに二時間、先送りしよう」「明日まで先送りしよう」「再先送り」「再々先送り」「再々々先送り」などを大いにやっていけばいいわけです。ただし二時間後に先送りすると決めたら、必ず二時間後に再検討をしてみることです。何もたくさんの時間をかける必要はありません。

三分間とか、短い時間でOK。ここでもう一度、判断するようにします。このような習慣をつけないと、積極的な先送りのはずが、消極的な先送りにすり替わってしまいます。

これだけは避けたいところです。

人間の脳は、嫌なものから自動的に目をそむけようとする本能があります。嫌なことは忘れようとしているうちに、本当に忘れてしまうわけですね。「ああ、しまった。忘れてしまった」。こんな経験は人間の脳の構造を象徴的に表しています。

小学校時代にクラスに一人ぐらいは、先生にいつも「宿題を忘れました」と言っては、叱られている友達はいませんでしたか。

この生徒は「宿題を忘れた」のではなく、「宿題をやってこなかった」のですが、言葉のうえでは、「やらなかった」ことと「忘れてしまった」をほとんど同じ意味で使っています。よく考えればわかりますが、全然、意味が違います。

脳はやりたくないことをわざと忘れる習性がある

でも、どうしてこんな言い方になるのでしょうか。

宿題をやりたくないから、わざと忘れる。わざと忘れるから嫌なこととして脳の中にインプットされる。そのために宿題ができなくなるからです。

脳の構造は人間にとっては、大きな落とし穴となります。そうならないためにも、期限を明示してはっきりと再検討することです。

具体的な方法として、書類を先送りするときには、書類の右上の角のところに、日付を書き込みます。この時点の日付ではなく、次に検討するときの日付を書くようにします。

三日後に先送りするなら三日後の日付、二時間後に再検討するなら、二時間後の時刻を書く。ふだんから、このような癖をつけていけばいいでしょう。

常に、「再検討」は必要です。再検討を忘れていたと気づいたら、本来よりは遅れていてもいいので、その時点で、きちんと再検討します。少なくとも「宿題を忘れた」ということにはなりません。いい機会です。ぜひ、習慣づけてください。

「ある日突然変わる」ことが勇気をあと押しする

服装をガラリと変えて、変化を周囲に知らせる

自分が変わったことを周囲に知らせるのは照れくさいものですが、こんなときは、ある日を境に瞬間的に変わったほうがいいでしょう。内気な人は少しずつ変わっていこうとしますが、それではダメです。また、自分の考え方が突然のように変わったときでさえ、じわじわと周囲の人に伝えていこうとするのが、そもそもの間違いです。まどろっこしいことはしない方がいい。なぜなら、少しずつ変わったことを伝えようと思っているうちに、自分の意思が少しずつ元に戻ってしまうからです。

それよりも、ポンと手を叩くように、ある瞬間から変わるようにします。実際に手をポンと叩いてみてもいいのですが、どんな方法にせよ「ハイ、この瞬間から!」というふうにしましょう。これは催眠術でも応用されていますが、ポンと叩くことでその瞬間

から変われるからです。変わるきっかけがなければ、脳の状況も変わりません。

具体的には「思い描いている人生と、今までの人生がちょっと違うなぁ」と思った瞬間にポンと手を叩くようにします。頬を叩くのでも、ほかの体のどこの部分でもＯＫ。どこかポンと叩いて「あ、この瞬間から変わった」と思うようにすると同時に、周囲にも伝えます。大事なのは、周りが目で見てわかるようにしておくことです。

心の変化は外見でも見せる

今までのすごく内気なダメ人間からものすごくアグレッシブに働きかけていく人に変わっていこうと思ったら、見た目もそうします。まず変わった自分の姿をビジュアル化して描き、さらにどういうふうに行動しているかもイメージします。それらを記号化あるいは、象徴するようなプラスアルファを一つ生み出していくようにしてください。

髪の毛がぼさぼさしていてオタクっぽい雰囲気で、他人と打ち解けるのも苦手だった場合は、新しい自分に変わった象徴として髪形を短髪、あるいはスポーティーに変えてみる。新しい自分に変わることを宣言するのと同時に、見た目も変えるわけです。服装も、明るい垢抜けたファッションに切り替えてみましょう。

「定期的なムチ」こそ持続の生命線
「こう変わりたい」の情熱を失わないために

せっかく自分が変わっていっても、ボッーとしていれば元の状態に後戻りしてしまいます。これは当然のことです。なぜなら、今まで長期にわたって思い描く自分でなかったのは、それなりに何らかの理由があるからです。これを放っておけば元の状態に後戻りしてしまいます。後戻りしないためには、前に述べたように目標を書くことです。

そのときに、なぜ変わりたかったのか、そのプロセスを自分の脳に叩き込みます。ここは自分の思いの部分をたたき込むことになるのですが、多くの人が結果の「こう変わりたい」というそこだけを押さえています。だから、すぐ情熱を失うわけです。自分が変わるためには、「変わりたい」というパッション、思いが原動力になります。

けれども、残念ながらそういう感情は一定しません。変わろうと思ったそのときは非常に強くても、次第に冷めていきます。それを長持ちさせるには、その思いを常に活性化させるようにします。競馬でいうと、馬のお尻にポンポンと鞭を入れるようなものです。一回、ムチを打てば馬はダーっと走ります。スピードが落ちたら、再びムチを入れます。それを意識的にやることが肝心です。

「変わりたい」。そんな思いがあるなら、再検討は欠かさない

法律などでも同じことで、できの悪い法律は、適当に決めて状況が変わっても放ったらかしになっています。しかし、できの良い法律は何月何日に見直すという条項があり、それまでに法律を施行します。社会がどういうふうに変わっていったのか。問題点があるのか。これで充分なのかを再び検証します。そして、新法という形で再び法律を改正する。あるいは、それでちょうど良いということであれば、同じ法律をもう一回再可決するということをやります。

自分が変わるということも、これとまったく同じで、一定期間に再検証が必要です。だいたい一カ月に一回ぐらいは、本当に自分が変わったのかどうか、もう一回見つめてみます。ぜひ、見直し日を決めることか始めてみましょう。

「三一日」と「一日」の間に「リフレッシュ日」をつくる

毎月一回の検証は生命体のリズムに合っている

盆と正月は、大きな目標を立てるのと同時に、今までの半年間のできぐあいを確認するための大事な節目です。

けれども半年間、自分の思いを持ち続けるのも大変です。そこで私がおすすめしているのが、月に一度の一日《ついたち》効果です。新しい月に入ると気持ちがリフレッシュされたような感じを持つ人がおおかただと思います。

そのような効果を利用して、毎月一日（四月一日、五月一日、六月一日……）になったら自分がどういう人間になっていきたいか。現状はどうなのか。この一カ月間の自分の努力は、どのように変わっているのか。

当初の思いとは裏腹に、変わっていこうという思いがあせていないか。あるいは、自分の努力というのが段々に減退していないかなどをチェックしてみるようにしましょう。

とはいえ、目的は月に一回これらを検証する日を設けるのが目的です。ですから、自分にとっての記念日にしてもＯＫ。私は七月三日が誕生日なのですが、誕生日にこだわりを持っている人であれば、その日にするのもいいかもしれません。特にこだわりの日がなければ、やはり月が変わったばかりの一日がいいでしょう。

生物の循環サイクルを活用しよう

毎月一日に自分を検証していくのには大きな意味があります。これは日本だけでなく、おおよそどこの国でも暦は一月から始まります。もちろん、日本の旧暦は今の三〇日、三一日よりは短くて、月に合わせていたので二八日ですが、いずれにせよ、人間のリズムは一カ月単位です。

月が一回地球を回るというこの周期によって、多くの生命体がリズムを刻んでいます。つまり、この地球上に住んでいる多くの生物が、月に一回というこの循環サイクルを利用しているわけですね。人間も例外ではありません。ということは、月に一回検証することは、自分の脳や人体も一サイクル経たなかで、再びフレッシュな気分で検証できることになります。

ぜひ、自分のやる気と情熱を再確認するようにしてください。年に一回、二回という盆と正月に加えて、人間の生理に合った月に一度の検証作業は必要です。

第5章

「リカバリーショット」を早く大きく打つ

——順風より「風雪」が自信を引き出す

失敗は成功の一部分をなす
一〇〇%達成可能なことは挑戦にはならない

「チャレンジングな人生」、つまり「挑戦する人生」を歩もうと思わなければ、前には進めません。挑戦とは、実力よりも少しだけ高いものに、日々チャレンジしていくことです。少しだけ背伸びをし、高望みをする。それでこそ、人間は成長していけます。

当然、上を望めば一〇〇%成功できる保障はありません。失敗することもありうるという前提で堂々と挑戦することが大切です。もし、今まで歩んできた人生の中で、うまくいくことばっかりだったら、そのほうが問題です。

失敗は人生にはつきものである

私は日ごろから、目標に挑戦したときに、「三回成功すれば一回は失敗する」。それが成功を手にできる上限だと思って行動してきました。チャレンジ精神で挑めば、どんどん一定の割合で失敗するからです。「全敗！」というのはさすがに困りますが、一定の割合で失敗するようなことにでも、挑戦してきました。

何か資格をとろう、あるいは、転職に役立つ資格をとろうと考えて勉強をしていれば、頑張っていたとしても「落ちるかもしれない」という不安に襲われます。誰だって一度や二度は弱気になるものです。けれども、そもそも落ちるかもしれないのが試験です。

世の中には確実に受かる試験もたくさんありますが、このような試験は出題される内容の予想がつくので、きちんと勉強さえすれば合格します。

そもそもあなたが、資格にチャレンジしよう。そう決断したのはなぜですか。履歴書の資格欄に、「〇〇資格△級」と書くことができたり、箔《はく》をつけることを目指しているならそれもいいでしょう。しかし、そんな試験はその後の人生や仕事をしていくうえで、ほとんど役には立ちません。

どうせ挑戦するならば、困難なことにチャレンジするのがおもしろい。そう頭を切り替えて、落ちるかもしれない試験、狭き門の資格取得のために、果敢にチャレンジしてみたらどうでしょう。新たな道は開けてくるはずです。

花が咲くのは「ゆとりの大地」であり「危機の崖」ではない
「私には後がない」と追い込みすぎるのも逆効果

仕事をキッパリと辞めて、身辺整理をしてから司法試験などに挑む人をときどき見かけます。

「この試験に落ちたら、私の人生は一巻の終わり！　後がない」という悲愴《ひそう》感すら感じます。二〇代前半ならともかく三〇代以降の年齢になってからの選択としては、おすすめできません。

心意気は見上げたものですが、自分を窮地に追い込むこと自体、合格率を下げてしまいます。背水の陣は、受験に良い影響をおよぼしません。

背水の陣とは、もともとは中国の史記『淮陰侯伝』の故事による中国古代の戦い方で、「今の状況から一歩も退くことのできない絶体絶命のさま」を意味します。

漢軍と趙《ちょう》軍とが戦ったときのことでした。漢軍の兵士は戦いのために、にわかに寄せ集められた人たちで結成されていたため、冷静に考えれば勝ち目がありませんでした。下々の兵にとってみれば、自分の命を守ることが一番大事なことです。生き延びるためにも、戦いは負けそうだと思ったら、後で何と非難されようが一目散に逃げるほうが勝ち。そんなふうに思っていたはずです。

ところが、漢軍は川の前に陣をはっていたことから、逃げようにも身動きがとれません。生き延びるためには全力で戦うしかなかったわけです。こうして劣勢の戦いにもかかわらず、兵士たちが捨て身になって頑張ったので、勝つことができたのでした。

背水の陣は、人を動かす合理性がある説得力がある戦法です。

人は絶望感にさいなまれると思考力は低下する

受験勉強などでは、背水の陣はむしろ足を引っ張ってしまうだけです。

これには、きちんとした理由もあります。

勉強の場合にこうしたやり方を取り入れると、次のようなことが起こります。

試験当日は、緊張感が高まることで体はガチガチになってしまい、脳の活動にも悪影響をおよぼします。本来の実力を出すことができなくなります。その結果、試験に落ちるという最も避けたい状況を招いてしまうわけです。

試験勉強をしているときに、「落ちたらもう後がない。ダメだぁ～」という絶望的な気持ちになれば、自分をとことん追い詰めてしまう。それに比例するように記憶力が低下してしまい、普段なら覚えられるものまでも記憶できなくなります。

最も問題なのは思考力が低下しているのに気づかず、形だけなぞって勉強してしまうことです。

たとえば試験に合格するために、毎日、ドリルの五〇ページ分を覚えなければいけなかったとしましょう。思考力が低下しているままで勉強すれば、目だけが字面を追ってしまいます。

五〇ページやりとげることだけが、目的になっているからです。

決めた分の勉強が終わると、「今日もきちんと勉強した」と安心してしまう。大事な知識は何一つ、身についていないことに、その自覚すらないのです。

しっかりと両足を地に着けて理解しようとする態度がないために、これでは覚えたはずの知識もぐらついてしまいます。

あるいは、表面をなぞっただけなので、内容がしっかりと頭に入ってくれません。

だからこそ勉強は、ある程度の余裕を持って行う必要があります。「仮にこの試験に落ちても大丈夫なんだ」と言えるような、逃げ道をしっかりと作っておくことも必要です。

そうしないと脳は、安心して必要な情報を頭の中に記憶情報としてとどめることができなくなります。

こうして「試験の合格率が下がってしまう」という最も避けたい状況を招きよせるのです。

人生を「安全設計」する技術

「この道がダメ」でも「ほかの道」もあるさ

私のホームページを見たビジネスマンから、メールで次のような質問がきました。

「会社を辞めて試験勉強をしたら、勉強時間が増える。そう意気込んだものの、勉強だけに打ち込むようになってからは、将来のことが不安でしかたがありません」というものです。

やりたいことのために、今の仕事を辞める。人生にはそんな選択肢もあります。でも、できるだけ現状のままで、試験に挑戦する環境を作っておくことが先決です。勉強に専念するために会社を辞めてはいけない、という意味ではないので誤解をしてほしくはありませんが。しかし、試験に落ちてもやっていける環境にしておくことだけは大事です。

ただし、試験に落ちても家業を手伝えばいいというように、別の道があれば話は別です。試験勉強に今まで以上に集中して、頑張ってみるのもいい経験でしょう。思い切って専念してみたものの、結果がダメならキッパリとあきらめもつきますし、第二の選択肢である自分の人生を歩めばいいだけのことです。

八方ふさがりの状況だけは避けよ

いずれにしても、人生は「安全設計」をしておかなければいけません。飛行機の設計は「ホールセーフ」といって、どこか一カ所がダメになっても別の装置が働き、とりあえず安全に着陸できるようになっています。自分の人生もそうするべきです。

試験に受かればその道で描けたハッピーな人生を断たれたとしても、とりあえず最低限はやっていけるようにしておく。そうでないと、試験自体の合格率も下がってしまい、八方ふさがりになります。

たまたま資格試験を例にとって説明しましたが、ほかの挑戦にも置き換えることもできます。何か違う分野の仕事についてみたい。思い切って転職しよう。あるいは、新しい分野の仕事に参入しようと考えている場合も同じです。新しい挑戦をする前に、もし、ダメでも必ずやっていける。そういう安全弁を用意してから挑戦してください。

自分をさらに伸ばすなら「失敗の仕方」を学べ

「起きあがりこぼし」のごとくたくましくなれ！

挑戦には失敗がつきものです。

だからといって、「試験に落ちたのも経験としては貴重だよ」と、開き直るのはよくありません。失敗したときでも、挑戦の中から肯定的に評価できることを見つけ出す。ここに失敗する意味があります。

資格試験に落ちてしまったのは事実でも、その中でうまくいった部分もあるはずです。たとえば三科目のうち二科目落ちてダメだったとしても、一科目は確実に合格点を取れていたとしたら、「失敗した」のひと言で片づけるのはよくありません。

新たな挑戦をするときに、試みそのものに対して一〇〇％否定されることはありません。すべてを否定しなければならないような努力しかできなかったのならば問題外。しかし、そんなことはまずはないでしょう。

これを機会に自分の良かったところを見つけ出して、その部分をしっかり褒めるようにします。

たとえ失敗したとしても、自分がかかわってきた仕事の中で「〇〇の分野にくわしくなった」「勉強癖がついた」など、何でもいいので肯定的に評価できることを見つけ出し、自分を褒めるようにします。

失敗への耐性を身につけておこう

「人生は何事もポジティブで前向きなことがよい」といわれています。でも、ぼんやりしていている人は何も身にはつきません。前向き思考をしようと思うなら目的を持ち、きちんと物事をとらえる訓練をしていく必要があります。

自分が過ごしているこの一瞬一瞬に、アンテナを立てさまざまなことを感じ取っていく中で、「これは前向きにとらえるべきだ」と自分で見つけ出す。こんな日々の些細なことの積み重ねで、ポジティブシンキングは可能になってきます。

こんなときは、狩猟民族の発想が役立つかもしれませんね。ぼんやりと毎日を過ごす狩猟民族がいたら、獲物を手に入れることはできません。

たとえばイノシシ狩りに出かけたとしましょう。獲物を手にするには、「このルートでイノシシが来そうだ」「こういう獲り方をしたら獲れるぞ」と予測して動く積極性を持ち合わせることです。

前向きな発想は、勝手に天から降ってくるのではありません。自分が意図を持ち、前向きになれるようなものを、自分の目でしっかりと見つけ出すことです。多少の訓練が必要になる。そう覚悟することです。

では、どうしたら身につくのでしょう。

日々の生活の中で、自分自身の中にポジティブにとらえるものやプラスに転じられるものを懸命になって見つけ出すことです。特に失敗したときが大事で、すぐにあきらめないことです。その中から自分にとって、プラスになるものを見つけ出す。

これを繰り返していく中で、何事もいい方向に考える癖が備わってくるものです。

私はこの方法を自ら実践しています。

周りをぐるりと見渡してください。失敗したときにその中から「プラス部分」を見つけ出す能力のない人がなんと多いことでしょう。このような能力がある人とない人では、人生に大きな差がつくものです。

何事もうまくいっているときには、「これは良かった」「あれは良かった」と誰もが誇らしげです。当然のことで、ここでは差はつきません。けれども、失敗したときにプラスの部分を見つけ出す能力を持っていれば、失敗に対する耐性が強まっていきます。

年々、せっかくこの世に生を受けた大事な命を自分の手で絶ってしまう自殺者が多いますが、失敗に対する耐性が普通より弱い人たちなのかもしれません。一方、ものすごい失敗をしてもその中から這《は》い上がってくる人たちも、意外にたくさんいるものです。彼らは、いわゆる失敗に対する耐性が強いのでしょう。

誰もが「あの企業はつぶれないよ」と安心しているような上場企業でさえも、いつ何時、真っ逆さまに転落するかもしれない。そんな先が見えない状況です。人も同様で、「あの人は力があるからいつも安泰」といわれている人でも、失敗するかもしれません。

そんな世の中で、困った状況に追い込まれたときでも、這い上がれるように、普段から失敗への耐性をつけておいてはどうでしょう。

失敗という畑に「実のなるタネ」をまくために

「どうしてダメだったのか」の分析は緻密にやれ

気をつけていたとしても、些細なことも含めれば、一日二四時間、一年三六五日の中で、誰もが何らかの失敗を繰り返しているものです。そんなふうに考えてみたらどうでしょうか。

そうとわかれば「失敗から学べる肯定的なものがないのか」。それを見つけ出す訓練を普段からしておいてはどうでしょうか。大きな失敗をしたときに、目の前の壁を乗り越えていく大きな原動力になってくれるはずです。

私は何も精神論をぶちあげるつもりは、さらさらありません。実は失敗の中から成功、大きな成功の種みたいなものが見つかる可能性が非常に多いと言いたいだけです。これは「失敗学」の一つのテーマにもなっています。

昔から「失敗は成功の母」と言います。これにはそれなりの理由があって、どんなに冷静な判断能力を持ち合わせている人であろうと、自分が失敗を招くなどとは思って取り組んではいません。どうなるのか、その結果はギリギリのところになるまでわからないからです。

失敗してはじめて、「失敗の論理」がはっきりと見えてきます。失敗した理由を分析することによって、次をうまく乗り越えるノウハウみたいなものを生み出していくことができるのです。ぜひ、「失敗をチャンス」に変える転換点にしていきましょう。そこで提案ですが、失敗は今後の人生を切り開くうえでの大きな体験であると考えてみてはどうでしょう。今までは目をそらしてきた失敗でも感じ方が変わり、リソース（資源）となっていきます。気持ちも前向きに変わっていくことでしょう。

先が読めない世の中だからこそ、おもしろい

失敗を肯定的に転化していく能力は、今までは、それほど必要ではなかったかもしれません。なぜなら、社会全体が何かのっぺりとしていて、みんなが同じ方向に目が向いていたためです。リーダー一人が左を向けばみんなが左、その人が右を向けば、右とい

う具合でした。終身雇用でしかも年功序列なのですから、将来へのレールが敷かれていて、ほぼ道が決まっていたのです。

今は順調でも、自分の歩んでいる人生が明日、どうなるかわからない。そんな先が読めない時代になりました。どんなに恵まれた環境下にいても、突然、予想もしなかった衝撃的なできごとに出合い、そのレールからはじかれてしまうことも、まったくないとは言えません。

それとは逆で、周りからは「アイツだけはダメだよ」と言われていた人が翌日に、ものすごい大きな成功をおさめる可能性だってあります。それぐらい世の中は不安定で、先の予測がつきません。

特にこれから先は、大波が荒れ狂うような社会になってくるのは、間違いなさそうです。そういう中でたくましく生き残っていくためには、「ネガティブなものの中からでも、必要なものをスピーディーに、しかもポイントとなる部分をかぎ分けていく能力」が要求されます。

失敗したからといってくよくよしている時間は、私たちには残されていません。「失敗はチャンス」――そこから成功への糸口を見つけ出す能力を磨いてください。

第6章

この生活習慣が「成功習慣」！

——手間より「手軽」が脳の力を引き出す

あなたをやる気人間に変えるシンプルな習慣

根性論で片づける前に脳のしくみを利用せよ

残念ながら精神論や根性論だけで、「やる気を引き出そう」とするのには限界があります。そんな非科学的なことを強引に行えば、やる気がますます萎《な》えてきて、何もかもが嫌になります。

そんな投げやりな気持ちでは、せっかくのやる気を引き出す試みも効果がまったく表れず、台なしになるだけです。

前頭連合野は「意思を生み出す」ことと「意思のコントロール」を同時に行なっています。それを精神論だけで行おうとすると、前頭連合野に無理をさせることになり、結局は機能をみすみす低下させることになります。

そもそも脳の構造から考えても無理があり、長期間続かないのは当たり前のことです。

そこで「先に行動することによって、やる気を引き出す」方法を吉田流としてあみ出しました。

脳のしくみをうまく利用して、やる気が出るように行動していけば、嫌でも前向きな気持ちが生まれてくる。そう私は考えたのです。

具体的には、「やる気を出すぞ！」という前頭連合野からの命令が出たら、あれこれ考えずにいったん、具体的な行動に置き換えます。

たとえば「映画を見たい」と思ったら、「いつにしようか」と考える前に出かけてみる。「新しい仕事に取り組んでみよう」と思ったら、「私には何ができるだろうか」などこまごま考える前に、今すぐ挑戦してみるなど。

行動することによって、前頭連合野がさまざまな刺激を受けることで、意思のコントロールもうまくいき、やる気が自然に生まれてくるという按配《あんばい》です。これなら確実に結果が出せます。

手軽で辛くない。しかも、短時間で可能なものを習慣化せよ

でも、どちらかと言えば消極的だった人を、急に「やる気人間」に変えようとしても、

すぐにはむずかしく、簡単に身につくものではありません。

そこで習慣化していくために、私は次の「五つの条件」を満たすものを前提にしています。

①　特別な才能が必要ないこと
②　集中力がなくても、簡単にできること
③　面倒くさくなく、手軽にできること
④　時間がかからないこと
⑤　辛くなく、長続きすること

どうでしょう。これらであれば、あなたもできそうですか。

では、日常生活の中で、「やる気人間」に変わるために身につけて欲しい習慣を紹介していくことにしましょう。

やり方を間違わないように、どうしてやる気が出るのかという解説も加えながら、わかりやすく解説していきます。

さあ、レッスンのはじまりです。

目覚め――パッと快適にオンになる「寝たまま体操」

手足をグーパー、グーパーするだけでよい

朝、目覚めると「さあ、今日も忙しいぞ」とばかりに、いきなりベッドから飛び起きようとする人がいるようですが、感心できる行動ではありません。脳の神経細胞や血管に負担がかかり、体にはあまりいい状態ではないからです。脳の情報伝達物質が十分に分泌されなくなるため、「がんばらなければ」という気持ちがあるにもかかわらず、やる気が生まれにくくなります。

目が覚めたら、起き上がる前に「グーパー体操」を行いましょう。グーパー体操で脳の準備をしてから起き上がると、やる気が生まれてきますし、前向きに一日をスタートさせることができます。

人は目覚めてから起き上がるまでには、脳や体にさまざまな変化が見られます。

まず、目覚し時計が枕元で鳴ったことで起きると、「脳が覚醒する」「ベッドから立ち上がる」という二つの動作をしようとします。

寝ているときは、脳は活発に働いていないのです。血圧、心拍数が少なく、血液の循環量も低い状態だからです。心臓が体内に送り出す血液の量をセーブするためです。

ところが、目覚めて体を起き上がらせた瞬間に、体中では劇的な変化が起こりはじめます。血管は収縮し、血圧は上昇、心拍数も増加します。心臓から脳へ、つまり、低い所から高い所へと血液を送るためです。目が覚めたときに「起き上がるのが嫌だなぁ〜」と思うのは、こうした準備がめまぐるしく体の中で行われるからです。

手足を「グーパー」しながら二〇回ほど繰り返そう

ということは、朝からやる気を引き出すには、体内の変化がスムーズに行われるような環境を作っていけばいいことになります。そこであみ出されたのが、「グーパー体操」です。上手にやる気を引き出すことができます。

やり方は簡単！　横になったまま両手両足を「グー・パー、グー・パー」とじゃんけんの要領で、二〇回ほど繰り返す簡単な体操です。

筋肉には筋紡錘《きんぼうすい》というセンサーがついていて、筋肉の収縮具合を脳にリアルタイムで伝えています。寝ている状態ではそこから信号が送られませんが、グーパー運動を行えば、脳幹網様体《のうかんもうようたい》が刺激を受け、爽やかに目がさめるため、やる気が出てきます。また、脳内で情報伝達物質が増加するため、やる気が持続するわけです。

実は体内のどの場所の筋肉を動かしても、信号は送られるのですが、どうせやるなら脳から遠いところの筋肉を動かすほうが効果的です。

また、ベッドに横になった状態では、手足以外は動かしにくいものです。寝ぼけた状態で複雑な運動をするのは大変ですが、簡単なグーパー体操であれば、面倒なくできます。

こうしてグーパー体操をした後に起き上がれば、心臓から脳へ血液がうまく流れます。脳を働かせる準備ができた状態で活動することができます。脳の神経細胞や血管から優しくやる気を引き出せる方法だと言えるでしょう。

ただ、注意点が一つ。実際にやってみるとわかりますが、グーパー体操をしている間は、少し前まであれほど眠かったのが信じられないくらいに、頭がスッキリとして目が覚めてきます。でも、運動を止めると、再び眠くなって二度寝してしまうことがあります。

ですから、グーパー体操が終わったら、すぐ起き上がるようにしてください。さぁ、グーパー体操で眠気を追い払い、やる気十分の一日をスタートさせましょう。

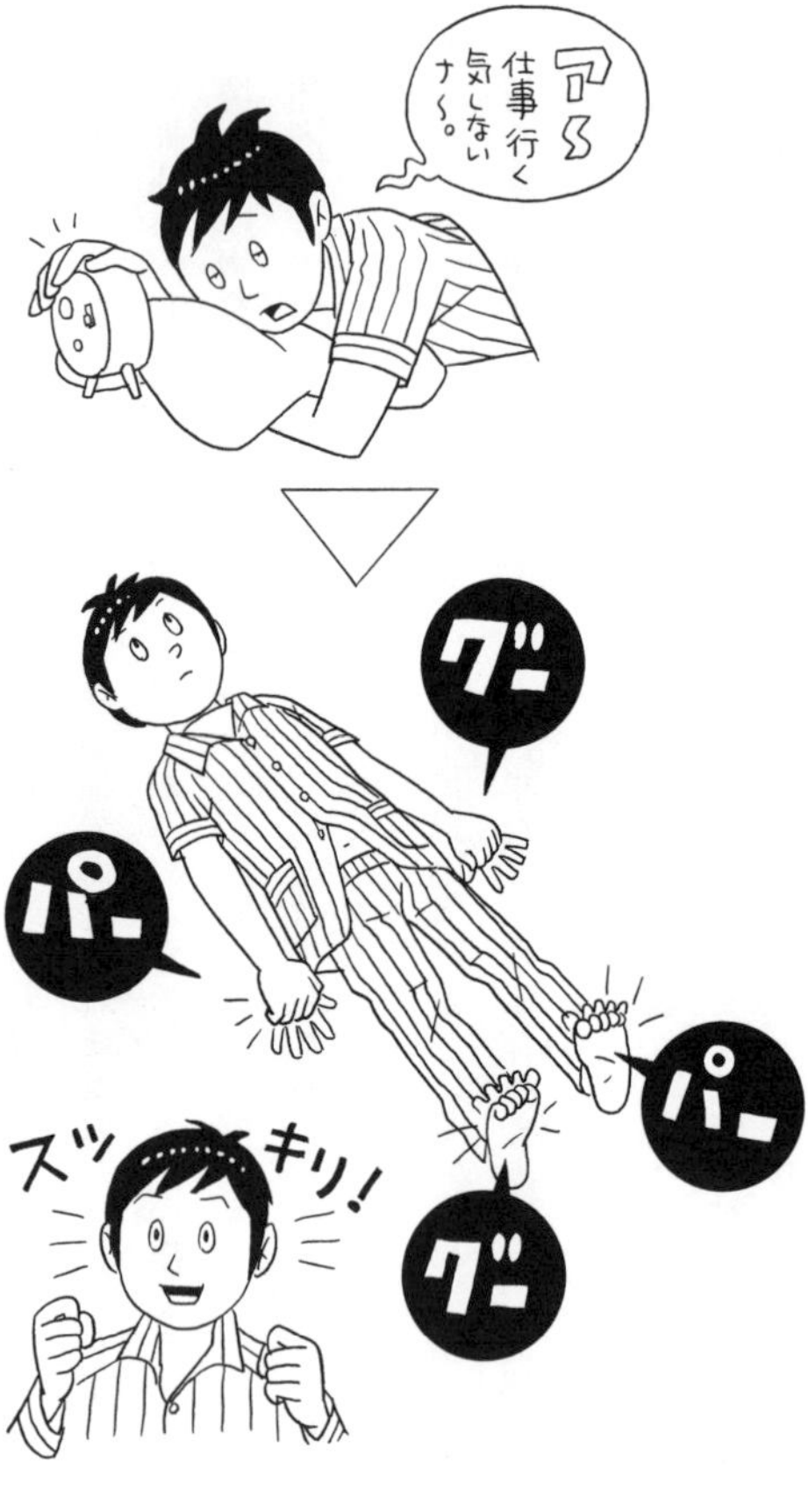

起床――脳に朝の刷り込みをする「ながら法」

ネクタイを締めながら目標を唱えよ

目標を頭の中で思い描くだけでは、やる気は生まれてきません。目標にしていることを「脳に認識」させる必要があります。脳は目標を達成できたうれしさと同時に、報酬が得られたと感じとり、やる気が出てきます。

頻繁に目標を脳に認識させることさえできれば、目標に向かって努力しているだけでもやる気が生まれてくるようになります。目標を達成すれば報酬が得られると、すでに学習しているからです。ですから、目標が決まったらさらに効果をアップするために、それを口に出してみるようにしてください。

「脳に目標を認識させる」タイミングとして適しているのは朝です。といっても、目標を声に出して言う習慣を身につけるのは、忙しい時間帯は結構、むずかしいものです。

どうしても三日坊主になりがちで、なかなか定着させるまでにはいきません。そこで私が考え出したのが男性であれば、ネクタイを締めながら目標を口にする。女性でしたら、洋服を着替えながらとか、お化粧をしながら目標を声に出すことです。

単純作業をしながら、目標にしていることを口にするとよい！

ポイントは、あくまでも単純作業をしながら目標を声に出すという点。複雑な作業のときは避けます。人間の脳はコンピュータと違い、並列処理ができるので「ながら」作業にはとても向いています。ただし気をつけていただきたいのが、「ながら」作業にも「良い」ながらと「悪い」ながらがあるということです。

「悪い」ながらは、計算を解くというような論理的思考を必要とされるものや人に自分の考えを説明するなどの言語中枢を使うものが重なる場合です。テレビを見ながらの読書も「悪い」ながらに分類されます。

一方、ネクタイを締めながら目標を口にするのは、「良い」ながらです。なぜなら、目標を口にするのは言語中枢を使うものの、ネクタイを締めるのは単純作業なため、組み合わせても並列処理ができるわけです。どんな「ながら」作業があるのか、書きだしてみてはどうでしょうか。早速、「良い」ながらを習慣化して、モチベーションのアップをはかってみてください。

朝食——思考の活力源を取り込むには？

朝ご飯で脳の活力源「グルコース」を補給する

きちんと朝食を食べないと、午前中に脳が十分に働かないということはよく知られています。では、ここでクイズです。朝食でパンを食べるときに、バターとジャムのどちらを塗るほうが脳に良いと思いますか。

ここで答えを明かす前に、簡単に朝食が脳に与える影響を説明しておくことにしましょう。脳は栄養源としてグルコースしか使いません。グルコースとはブドウ糖のことで、グルコースだけを使うのは、臓器の中では脳だけであるのがわかっています。

糖尿病を患うと、医者からさかんに血糖値を平常値に保つよう指導されます。血糖値とは、血液中に溶け込んでいるグルコースの割合を指すのですが、これが高すぎても低すぎても、うまく働かないので、一定の範囲に保つ必要があります。

最近、朝食を食べないで仕事や学校に出かける人が多くいると聞きます。朝食は食べる必要があるとわかっていても、朝、起きてすぐに食欲がわくはずがなく、ぬいてしまうのでしょう。

では、なぜ、朝食を食べなくても午前中を過ごせるのでしょう。

血液中のグルコースが減ったとしても、肝臓にあるグリコーゲンというグルコースのもとになる物質を、取り崩して栄養として使い、血糖値を維持しているからです。

実はこの肝臓にあるグリコーゲンは、寝ている間も体の中で使われていますが、朝食の時間にはまだ体内に残っているので、血糖値が保たれていてお腹が空かないのです。

このグリコーゲンはお昼まで確実にもたないために、朝食を抜きにすると、ある時点から午前中の仕事や勉強の能率がガクンと下がっていきます。

ですから朝食は昼食の一二時まで、脳にグルコースを与え続けるために食べるわけです。どうでしょう。朝食をとる理由を理解してもらえましたか。

ちなみに朝食に適する食品は、グルコースのもとになる炭水化物中心のご飯やパンなどです。

脂肪分と炭水化物を一緒にとって、ゆっくり消化吸収させる

先ほどの質問に戻って、「朝食でパンを食べるときには、バターとジャムのどちらを塗るほうが脳に良いのか」についての答えです。

答えはバター。パンは消化吸収が早いので、何もつけないと血糖値が急激に上がり、そして短時間に下がってしまいます。ところが、脂肪分（バター）と一緒に炭水化物をとると、消化吸収するまでの時間がかかります。このため穏やかに血糖値が上がり、より長い時間血糖値が保てることになり、脳のためには良いわけです。

一方、ジャムは、糖分なので一見よさそうな印象を受けます。でも、糖分だけだと、血糖値が急激に上がって、やはりすぐに下がってしまいます。これでは何もつけないのと同じ状況になります。

ですから、朝食のパンには、マーマレードやジャムなどの糖分ではなく、バターやマーガリンなどの脂肪分を塗りましょう。ただ、パン以外に玉子焼きやハムなどのおかずがある場合は、そちらで脂肪分が摂取できますから、ジャムでもご心配なく。

さあ、きちんと朝食をとって、お昼まで能率よく脳を働かせるようにしましょう。

通勤①――睡眠ホルモンを活動ホルモンに切り替える

電車の中では「窓に向かってつま先立ち」

もちろん、電車の中では座って本や新聞を読むのがいいのですが、ラッシュアワーの時間帯では、そう思い通りにはいきません。こんなときは、「車中が混んでいる！」とカリカリしないで、やる気を引き出すチャンスが来たとプラスに考えて、窓に向かって爪先立ちをしてみましょう。通勤時間帯をやる気アップのためにうまく利用できます。

立ち方のポイントは、その方向です。窓に向かって立つ場合と、人ごみに向かって立つ場合では効果が大きく違ってきます。すし詰めの通勤電車に乗っているときに、窓に向かって立つと目の網膜に外からの光が入り込んでくるため、脳の松果体《しょうかたい》から出ている睡眠ホルモンのメラトニンの分泌が止まります。そしてメラトニンからセロトニンに切り替わります。

こうして脳は睡眠モードから活動モードへと移行します。脳の視交叉上核というところで、光の刺激に応じてセロトニンからメラトニンへ作り変えがストップするからです。つまり、午前中の早い段階で光をたくさん目の中に入れておくことは、やる気を引き出すには効果抜群。もちろん、朝、公園で一〇分間ほど光を浴びればさらにいいのですが、忙しい現代人は、なかなか時間がとれません。通勤電車でどうせ立っているのなら、せめて窓に向かって立つことで光を浴びやすい状況を作るようにしたいものです。

普通に立つ、つま先立ちを交互に一〇秒ずつ行おう

次に立ち姿勢ですが、足を爪先立ちにするようにします。下半身に力が入ることで、脳幹網様体が刺激を受けるからです。すると、脳がより活動モードに入ります。また、足の静脈血が心臓に戻りやすくなり、脳により多くの血液を送れるようにもなります。

爪先立ちは、ずっと同じ姿勢を取るわけではありません。普通に立つこと、爪先立ちをすることを交互に一〇秒間ずつ、リズミカルに行うようにします。

「今日もシートに座れない」と嘆く前に、「この時間も活用しよう」と通勤時間もやる気アップに利用してみてはどうでしょう。

通勤②――こま切れ時間こそ本が栄養になる時間

車中の読書は「読んだら復習」を繰り返す

電車に乗っているときに、読書をされている人は多いことでしょう。

ところで、本を読みはじめたときは、内容を十分に理解できたのに、いつの間にか字面を眼で追うだけになり、そのうちに眠くなってコックリコックリした経験はありませんか。

電車の揺れは、1／fの揺らぎに近く、電車に乗っているだけで脳がリラックスしてくるからです。ということは、電車に揺られるという状況は、体にとっては心地よいのですが、脳は環境に順応しやすい特性があるため、リラックスしすぎるとボーッとしてしまうことにもなります。眠くなるのもそのためです。

ほどよい揺れがある環境下で読書を続けていると、体がリラックスしてきますが、どんな好きな本を読んでいても、そのうち気持ちがだらけてきて、文章をきちんと読むのを怠けてしまうわけです。

では、一人になって好きな本を読めるこの時間を、読書のためにうまく利用するにはどうしたらいいのでしょうか。そのためのとっておきの方法を紹介しましょう。

読書は時間を区切り、内容を振り返ることで頭に入ってくる

電車が駅に停車するたびに、前の駅から次の駅に到着するまでに読んだ分を復習する習慣を身につけてはどうでしょう。

本から得た情報を整理し、分析できるようになります。というのも、整理し分析された情報は、今後、役に立ちやすい形で脳に取り込まれていくからです。

読んだ部分を復習することで、リラックスしようとする脳に、「もう一度がんばって読もう」とする意思を蘇らせることもできます。

「通勤電車に乗る時間と車両は、だいたい決まっている」という人が結構いますが、毎朝、同じような環境が作られ、それが繰り返していることを利用すれば、現在の自分の脳の状態を推測することもわりあい可能になります。

これを繰り返しやっていけば、今の自分がどのぐらい本の内容を理解しているのか、その感覚がつかめるようになっていきます。駅と駅の間の所要時間は電車が遅れない限り決まっているのですから、その間にどれぐらいの文章を読み、どれぐらい理解しているのかを比較することも可能になります。

たとえば新橋駅から東京駅までの区間で、あなたが文庫を二ページ読んだとしましょう。前日に同じ本を読んだときに何ページ読めたのか、その理解度はどうかを比べてみれば、客観的に自分の読書の速さと質を判断できます。

二ページ分を読むのにかかった時間を計りたいときに、時計をみながらもできますが、時間の経過ばかりが気になり、最も大事な内容が頭に入りにくくもなります。それでは読書に集中できません。その点、通勤電車なら駅間にかかる時間は決まっているので、改めて測る必要はありません。こうして、ほとんど同じ時間帯の脳の状態を比較して、推測することができるようになるわけです。

普段の読書でも、同じことが言えます。のっぺりと長い時間に渡って読書をするよりも、一定の時間に区切って、その内容を振り返ることで内容が確実に頭に入ってくるようになります。ぜひ、習慣化してください。

挨拶――ジェスチャーつきにするだけで脳が活性化する
会話を交わすだけで脳の血液量は確実に増える

人は知らない相手とか、親しくない人を目の前にすると、無意識のうちに警戒心を働かせます。

それは、原始時代を生き抜いてくるために、人が進化を通して身につけてきた性質です。原始時代は見知らぬ人という理由だけで、棒で殴られるか、矢で射抜かれる。そんな危険にさらされて毎日を暮らしてきたからです。

もちろん、今のように平和な時代に、不意に頭を叩かれるなどという事態は起こりません。とはいえ、見知らぬ人や親しくない人の近くにいれば警戒してしまうのは自然な現象です。

でも、親しくない相手とコミュニケーションをとることで、知りたかった情報が得られる可能性もあります。ですから、初めから出会いを避けずに、人とつきあっていきたいものです。

親しくない相手が近づいてきたときに、脳は、どう反応しているのでしょうか。相手を「警戒」する側面と「利益」をもたらしてくれることへの期待感の両面を合わせ持つことになります。

二つの側面を享受することで、脳は活性化されていくことになります。活性化されることで脳の血液量が増えていき、やる気が引き出されるのです。

脳の血液量は相手と親しい間柄でも、そうでなくても増えていくことは、すでにわかっています。

親しくない相手にも挨拶を！

人とコミュニケーションをとるには、どうしたらいいのでしょうか。

基本は挨拶をすること。脳を活性化することができます。ただし、「おはようございます」を機械的に口にしただけでは不充分です。

脳を活性化したいのであれば、挨拶をするときは、にこやかな表情をつけるのがいいでしょう。できるだけ感情を込めて、多くの人に挨拶をします。

人は親しくない人には警戒心を抱くと説明しましたが、脳の活性化に役立つ挨拶を目指すならば、誰に対しても挨拶をするほうが、より効果があります。たくさんの人たちと挨拶をすることでコミュニケーションをとる場が増えて、活発に脳が活性化されていくからです。

さらに「今日は快晴で気持ちがいいですね」と、気の利いたひと言を添えることができれば、前頭連合野を中心とした脳のさまざまな部分が活性化していきます。朝であれば、これから始まる一日の仕事に対して、新たな意欲も生まれてきます。

相手が違う部署だったり、親しくないとしても、「おはようございます」と言われて怒り出す人はいないはずです。むしろ人の和が広がることでしょう。人間関係を良くするためにも脳にも挨拶はとてもいいのです。会社に着いたら感情を込めて、大きな声で挨拶をしてください。

相手は、お掃除のオバサンも例外ではありません。

午前——九〇分仕事と一〇分休憩はワンセット

脳への「情報伝達物資」を枯渇させるな

脳の情報伝達物質は、仕事や勉強を続けていると枯渇し、情報処理の機能が衰えてくるものです。ですから、九〇分仕事をしたら、五分から一〇分は休憩をとるようにしてください。九〇分という作業時間には、理由があります。人間の睡眠サイクルであり、人間のリズムとしては望ましい時間と考えられるからです。このリズムに合わせて大学の講義時間も、九〇分に設定されています。

九〇分と言いましたが、人によって個人差があるので、無理に合わせる必要もありません。六〇分のほうが自分に合うなら、それでもOK。ただし、どんな作業を行うときも、九〇分以内におさめるようにしてください。決めた時間が来たらいったん作業を打ち切って、音楽を聴いたり、椅子の上で「プチ座禅」をすれば、うまく気分転換もできます。

パソコンでの作業は「四五分」を目安に小休憩をとろう

ただし、パソコン作業の場合は、九〇分は長すぎます。四五分で小休憩を取りましょう。なぜなら、ディスプレーを見ながらの仕事は、目にダメージがかかります。

ところで、パソコンで仕事をしている人が、「頭（脳）が疲れたなぁ～」と言っているのを耳にしませんか。

実は脳自体は疲れを感じません。眼の疲れを脳の疲れと感じているだけです。発生学的に言えば、眼は脳の一部です。ですから、眼が疲れると脳が疲れたと感じて、脳全体の活性が落ちてしまうのです。

目が疲れるのは、目の中には、眼内筋という筋肉と水晶体というレンズがあります。そのレンズに眼内筋が作用することによってピントを合わせています。遠くを見ているときは、眼内筋がまったく弛緩《しかん》している状態なので、目にとっては非常に楽な状態です。反対にパソコンの作業など近くを見るときは、眼内筋が収縮します。近くに無理にピントを合わせているからです。

つまり、遠くを見るときより近くを見るほうが、目は疲れるわけです。筋肉が収縮した状態が長時間続くと、当然疲れているという刺激が脳に伝わります。体の表面とは違って、体内については「この部分がこういうふうに疲れている」と、人は具体的には感じません。本当は目の中の筋肉が疲れているのに、脳が疲れているというように感じてしまうのです。これを予防するためにも、できるだけ小刻みに小休憩を取るようにしてください。小休憩の目安としては、「九〇分÷二＝四五分」。すなわち四五分作業をしたら、五分間ほど休憩して目を休めるようにしましょう。

コンタクトレンズをして仕事をしている人も多くいますが、レンズをつけたまま長時間パソコンの画面を見ていると、ドライアイになります。オフィスは空気が乾燥していますし、パソコンの画面を見ていると、まばたきの回数が四分の一に減るからです。まばたきが減れば、眼の表面の水分補給も激変し、乾燥は短時間でもより深刻となり、大半がドライアイになっていきます。

さて、上手な休憩の取り方ですが、目を閉じてハンカチを目の上に置くと疲れがスッキリします。目も心も落ち着いてきたと思いませんか。仕事が中断することに抵抗があるかもしれませんが、仕事中の脳の活性を高めるには、思った以上に効果があります。

昼食――ビジネスランチで知的好奇心を呼び覚ます
毎回テーマを決めて意見交換をしよう

昼食時の気分転換は、午後からの仕事を充実させるためにも欠かせません。単なる栄養補給だけにとどまらず、仕事仲間と知的好奇心を刺激しながら、ランチを食べることで、上手に気分転換ができます。

お昼休みであるにもかかわらず、ついつい仕事仲間と話をするときには、今までやっていた仕事の話になりがちです。それは脳を休ませるには、あまりよくありません。仕事の話をするのであれば、午前中にしていた仕事、さらに午後にかかる予定の仕事とは切り離した周辺の話題を選ぶようにします。

よく他人といっしょに食事するのは、気を使うし面倒。「一人でランチを食べたほうがリラックスするのでいい」と言う人がいます。でも脳にとっては今まで使っていたのとは別な方向から脳を刺激すると、ほどよい緊張感とともに、リラックスもできることがわかっています。

どうしたら、休みながらも脳をいい状態に保つことができるのでしょう。ランチをとりながら勉強会をしてはどうでしょうか。いわゆるビジネスランチです。集めるメンバーは、同じ部署よりも別の部署の人を誘って行うほうが、普段と違う刺激が受けられます。

ビジネスランチの人数ですが、基本的には何人で行うというルールはありませんが、三、四人ぐらいがちょうどいい人数です。これぐらいの人数であれば、テーマも選びやすいですし、自由に自分が聞き役にも、話し手にもなれます。「話す」「聞く」の両方が行えれば、それだけ脳も活性化するチャンスも増えます。

ビジネスランチのテーマとしては、今、行なっている仕事に関する内容にすることはありません。むしろ、知的好奇心を刺激するようなテーマをみんなで競争して見つけ出すのが良いでしょう。ちょうど仕事とその周辺にあるものの中からテーマを選びます。その中で興味深い、おもしろい、知的好奇心を刺激できるものにします。

そこから何か情報の奥の深さみたいなもの、今の社会の別の側面が見えてくるようなテーマであればベストです。

また、テーマを決めて発表する人が、偏らないように気をつけます。参加者の意欲を高めるためです。みんなで競争できるような方式をとればさらに良いでしょう。たとえば四人でビジネスランチをとる場合は、四回に一回は順番が回ってくるようにします。当番になっている人が発表した後に、そのできぐあいをみんなで採点するといい刺激にもなります。

ここにゲーム感覚を取り入れたいなら、内容がよければみんなで発表者を褒めたうえで、昼食代を残りのメンバーでおごるルールを作れば、盛り上げていくことも可能です。

プレゼンのやり方としては、発表者が話している間、他の人たちは食事をしながら聞きます。自分の説明が終わったら、「私の話したことについて、何か質問はありますか」と尋ねます。ここからは聞いていた人たちが中心となって、ディスカッションをするようにします。

こうすれば、発表者はみんなが意見を闘わせている間に食事をとることができます。

ぜひ、知的好奇心を満たしながら、合理的に昼食時を過ごしてみてください。

昼休み一〇分昼寝法で頭が冴えてくる！

「夜の眠気」の半日後に「昼間の眠気」は襲ってくる

午後一番の会議はつい眠くなり、うとうと居眠りをしそうになります。一般的には、「お腹がいっぱいになるから眠くなる」といわれていますが、実はそれだけではありません。食事の後は確かに、消化吸収のために胃腸に血液が行くために、脳にいく血液量が減ります。そのため眠くなるという理論は正しいといえます。ところが、朝食や夕食のあとはそれほど眠くなりません。

なぜなのでしょう。

「一日の睡眠と覚醒のリズム」が関係しているためです。人間には、サーカディアンリズムという「一日に二四時間」のリズムがあります。あまり知られていませんが、このほかにも一二時間サイクルもあります。

ふだん夜中の一時から二時に訪れる眠気のピークがある人は、一二時間後にあたる、ちょうど午後二時前後にも眠くなります。この時間は昼食後の眠気と一二時間周期の眠気のダブルパンチとなります。

これが午後の会議で居眠りが多くなる理由です。それだけではありません。交通事故の発生件数や飛行機のニアミスも多いのもこの時間帯。「魔の時間帯」とも呼ばれているゆえんです。

ちなみに午前中は、たとえ睡眠不足でも眠くなることがありません。脳の前頭連合野が活発に働いているため、脳は高い活性を保つことができるからです。ところが、睡眠不足の状態のまま、昼を過ぎると脳の活性がガタッと落ちるうえに、一二時間サイクルが訪れるために眠くなるのです。納得できましたか。

夜に一〇分多く眠るより「一〇分間の昼寝」は脳を活性化させる！

では、どうしたら眠気を防ぐことができるのでしょうか。

一〇分間だけでいいので、昼寝をするようにしましょう。一〇分間の昼寝は、夜に一〇分間多く眠るよりも、はるかに効果があることが医学的見地からもわかっています。

特に寝不足気味の人は、たった一〇分の睡眠をとるだけで頭がスッキリとしてきます。

昼寝をすれば、午後からも脳は高い機能を発揮できるのですから、一〇分間の昼寝で数倍の効果があがることになります。ちなみに、眠る時間は一〇～一五分が適量。三〇分以上の昼寝は感心できません。眠りが睡眠層の深いところまでいくため、起きた後もかなりの間、ボーッとしてしまいます。

さらに自然に目覚めるようにするためには、眠る前にコーヒーや紅茶をがぶ飲みしておくのもよいでしょう。「えっ、そんなことをすれば、カフェインで眠れなくなるのでは？」と心配されるかもしれませんね。でも、大丈夫です。

コーヒーや紅茶を飲んだあと、カフェインが腸で吸収されて脳に達するまでは、なんと三〇分程度もかかります。コーヒーを飲んで、一〇分ほど眠りにつくという行動にはまったく影響しません。それどころか、昼寝から起きた後は、ちょうどカフェインが効いて頭もハッキリ、スッキリします。

目覚めた後、「さあ、がんばるぞぉ」という気持ちを後押ししてくれるでしょう。「コーヒーや紅茶のがぶ飲み」と「一〇分間の昼寝」の組み合わせで、午後のスタートをさわやかにしてください。

午後――社内を歩くだけで「すぐやる力」が持続する
「歩きメデス法」で仕事の行き詰まりを解消せよ

デスクワークで煮詰まったら、歩きましょう。ただの気分転換のためではありません。私が名づけた「歩きメデス法」は、歩くことで三つの効果が得られます。

一つめは、脳の血液循環量が増えます。足に行った血液が心臓に戻りやすくなるポンプ作用によって起こります。

第二に、下半身の筋紡錘の刺激が脳に行くため、脳全体がオンの状態になって活性化されます。

第三に、歩くことはリズミカルな運動であるため、セロトニンを出すことができます。やる気を出すドーパミンの働きを良くするのにも有効です。

デスクワークで煮詰まったら、じっとしていないで、ぜひ歩いてください。歩くことで脳が活性化され新しいアイデアが生まれたり、仕事や勉強の集中力も上がります。

本来なら外を歩くのが望ましいのですが、仕事中であれば、「気分転換に散歩してくる」というわけにもいきません。だったら、オフィス内を一周、自分の部屋の中を一周歩くようにするだけでも、何もやらないのと、ずいぶんと違ってきます。確実に効果は上がります。オフィスであれば、トイレに行くフリをして立ち上がり、そこまで歩いていくだけでも、三つの効用を享受できるはずです。

かの有名な「アリストテレス」も歩きながら哲学の勉強をした!

オフィスでは、デスクワークやパソコンで仕事をすることが多い人たちが、同じ姿勢を保ちながら、書類や画面を長時間にわたってながめている姿を頻繁に目にします。仕事に集中しようとする姿勢は感じられるものの、脳にとっては決して好ましい状況だとは言えません。こんなときも「歩きメデス法」を実践するようにしてください。

「歩きメデス法」の名前の由来を紹介しておきましょう。

古代ギリシャ人は、歩くことが学習や物事を考えるうえで効果的であると、経験の中から学んでいました。ソクラテスがプラトンなどの弟子たちに、書物を小脇に抱えて、

歩きながら教えているレリーフなどがよく知られています。

特にプラトンの弟子のアリストテレスは、歩きながら熱心に、哲学の勉強をしていたことで知られています。彼を中心とする一派はその名も「逍遥《しょうよう》学派＝歩く学派」と呼ばれたほどです。

おわかりいただけましたか。ご想像どおり、「歩きメデス法」の名前の直接の由来は、哲学者、数学者として知られるアルキメデスからです。

彼も数学の数式を歩きながら考えていたと言われています。あなたも、今日から歩きながら脳を活性化させてみてください。

電話――なぜ電話で「右脳」を使うと頭にいいのか
感情表現ベタは解消できる

生まれたての赤ちゃんは言葉を話しません。しかし、おっぱいが欲しいとか、どこか痛いところがあったときには、泣き声で母親に伝えています。これは右脳言語の能力を使うことで可能になります。

人間が普段の日常生活で感情を込めて話しているときには、左脳言語と右脳言語の両方を使っています。左脳言語とは、言葉を文法的につなげる能力。右脳言語とは音の高低、強弱、間、音色をコントロールして感情を相手に伝える能力のことです。

生まれたての赤ちゃんや犬は、左脳言語の能力は獲得していません。でも、右脳言語の能力があるおかげで、声をコントロールして感情を伝えることができるわけです。

最近はインターネットの普及によって、簡単にメールが行き来し、文字情報で伝達しあう場面が急激に増えたことで、ある異変が起こっています。

感情の希薄化現象が見られるようになってきたのです。現代人は脳のごく一部、つまり、左脳の一部しか使わなくても、不自由なく生活ができるようになってきたのです。言葉を文法的につなげて使うチャンスが少なくなってきているため、国語的な能力が低下するという弊害が生まれてきています。

せっかく人に備わっているのに、脳の機能を使わないのは、もったいないことだと思いませんか。

では、どうしたらいいのでしょう。脳の機能を使うためには、感情を込めて電話で話をすることです。

電話では自分の気持ちを正しく、相手に伝えるのがむずかしいと感じたことはありませんか。たとえば魂を込めて話をしているのにもかかわらず、その感情が薄まって相手に伝わったり、相手をぞんざいに扱っているつもりはないのに、すげなく話していると受け取られてしまったという経験はないでしょうか。

声だけをたよりにしてコミュニケーションをとっているために起こるのです。自分の感情も言葉といっしょにして相手に伝えることができれば、このような事態にはなりません。そのためには、右脳言語を駆使する必要が生まれてきます。言葉を伝えたい、そんな思いが生まれたときが、自分の脳を活性化するチャンスなのです。

右脳の活性化のためにも、これからはメールばかりに頼らず、人に連絡をするときは電話をかける――こうしてお互いの声を聞くことで、人間関係を円滑にしていくことができます。

左脳言語がダメになっても、感情表現はできる

ここで右脳と左脳について説明しておきたいと思います。

脳は右脳と左脳に分かれると一般的にはいわれています。しかし、右半球の脳と左半球の脳が分かれているわけではありません。

たとえば心臓が左にあって肝臓が右にあるように、右脳と左脳がまったく別の器官のように存在する。あるいは、右脳が優れていて左脳が劣っている。このような誤解を持っている人も多くいます。まったくの間違いです。

特に大脳の中で左半球に限局している能力や右半球に限局している能力というのが、傾向としてあるのは確か。右脳言語と左脳言語というのも、そういう意味から言われて

います。言い換えれば、右脳言語を右半球の脳が担当しているとか、左脳言語が左半球の脳で行われているということではありません。ここを誤解しないでください。

右脳言語と左脳言語の違いとして、医療の現場で脳梗塞《のうこうそく》を起こしたときに、みられる現象があります。

脳は四つの動脈によって、栄養を受けています。その右半球にいく血管だけが詰まってしまうと、右脳言語的なものがダメになることがあります。逆に左半球にいく血管だけが詰まってしまうと、いわゆる左脳言語的なものがダメになることもあります。こういう症状が全部ではありませんが、まれに出ることもあります。

たとえば左の血管だけが詰まって左脳言語がダメになると、言葉を発することができなくなり、「あーあーあー」としか言えなくなります。しかし、「あーあーあー」に気持ちを込めることによって、感情表現はできます。感情伝達が右半球の脳で行われるからです。

つまり、自分がうれしいと思っているとか、悲しいと感じている感情は「あーあーあー」と言うだけでも、表現することができるわけです。これは右脳言語のおかげです。

ちなみに脳梗塞を起こした人に、このような症状が現れることもあります。

間食——疲れた脳にたちまち効く一口
チョコレートで血糖値を自由にコントロールする

現代人は血糖値を維持しにくい体になっています。血糖値とは、血液中の糖分の割合のことです。血糖値が下がると脳の機能が低下するのは、医学的見地からもわかっています。脳ですが、グルコース（ブドウ糖）を栄養として使い、血糖値を維持していることは、すでに説明した通りです。

ところで、一般的に私たちの食事回数は朝食、昼食、夕食の三食ですが、江戸時代より前は二食しかとっていなかったことがわかっています。ということは、食事と食事の間の血糖値を長時間にわたって維持しなければならなかったわけですね。そのため消化されるまでに時間がかかるように、内分泌系の機能が発達していました。

戦後、日本は豊かになって、食べたいものはどんなときでも、すぐに手に入る環境になったことによって、皮肉なことに血糖値を維持する機能が、どんどん低下している。そんな事実があります。私たちは昔の人以上に、間食をしっかり取る必要が出てきているのは、こんな理由からです。

グルコース補給の時間帯として適しているのは、昼食と夕食の間の午後三時になります。昔から「三時のおやつ」と言われているのも生活の知恵から生まれたのだと思います。そのほかにも、朝食と昼食の間の午前一〇時にも間食をすると、グルコースの補給がうまく行われます。

チョコレートは血糖値をほどよく保ち、脳もリラックスさせる！

さて、間食をとるのであれば、チョコレートがいいでしょう。一般的には、和菓子が体にいいように思われがちですが、炭水化物と糖分でできているため血糖値が急激に上昇し、急激に下降します。これでは長時間、血糖値を維持することができません。また、血糖値の急激な変化は、体にも良くありません。

それに比べて、チョコレートは糖分と脂肪でできています。「えっ！　脂肪分が含まれるの？　太るんでは」と嫌がる人も多いのですが、脂肪分が入ると消化吸収に時間がかかるようになります。そのため血糖値は、ゆっくり上がって長時間にわたって維持されていきます。この血糖値の穏やかな変化は、脳のためにもとても望ましい状態です。

チョコレートには脳をリラックスさせるテオブロミンという成分が入っているために、脳の情報伝達を活発にするという一見、リラックスとは矛盾した働きもします。どちらにしても、チョコレートは脳にとっては好ましい食べ物です。「おやつが食べたい」。そう思ったら、チョコレートをひとかけらだけ口にして、休憩してみてはどうでしょう。

眠気——ガムで「能力低下」を防止する

下あごを動かすと脳に血液がドンドン送られる

お茶には体に良い成分がたくさん含まれているので、どんどん飲みましょう。カフェインは、お茶を飲んだ三〇分後から効きはじめて脳を活性化していきます。その作用は、五時間から七時間続きます。

また、テアニンという成分は、脳の機能向上とリラックス作用があります。カテキンという成分にある抗酸化作用により、脳の錆つきを防ぐことができます。ほかにもお茶には、体に良い作用がいろいろとあることがわかっています。

お茶以外であれば、ガムを噛むのもいいでしょう。集中力アップを図り、脳を活性化させることができます。眠いときや口寂しいと感じたとき以外でも、できるだけガムを噛む習慣を身につけてはどうでしょう。

ただし、ガムを噛んでいいのか、控えたほうがいいのか、特に日本の場合は場所を選ぶ必要があります。

以前、ワールドカップのサッカーで、日本選手がガムを噛んで試合をしていることがありましたが、その姿をテレビ中継で見ていた視聴者から「日本選手は無礼だ！」「あれは、やる気が欠如している態度だよ」という批判が寄せられたことがあったそうです。

このクレームはガムがおよぼす効果から考えればまったくの間違い！　ガムを噛むのは科学的、医学的根拠に基づいた、最高のプレーをするための行為なのです。

すでにアメリカでは、「ガムを噛むと脳機能が高まる」というのが常識となっていて、大リーグではほとんどの選手が、ガムを噛んで試合に臨みます。

とはいえ、マナーが重視される日本では、頭をスッキリさせるのに効果があったとしても、公の場ではなかなか認められません。このあたりは状況判断が求められそうです。

ガムを噛むと脳への血流が増え、筋肉の収縮を刺激される

ここで、ガムを噛むことの効果をいくつか説明しておきましょう。

まず、脳への血流量が増えます。噛むことによって下あごが動きます。下あごの関節

の付け根に静脈叢《じょうみゃくそう》があり、ここは脳から心臓へ戻る静脈血《じょうみゃくけつ》が通るところです。下あごを動かすことによって、そのポンプ作用で静脈血が心臓に押し出されます。こうして脳に新しい血液が多く行き渡っていくのです。

二つめに、筋肉の収縮の刺激が脳にいきます。

筋肉の中には、紡錘《ぼうすい》の形をした筋紡錘というセンサーがあります。このセンサーが、常に筋肉がどの程度収縮しているのかということを、リアルタイムでモニターしています。その情報がすべて脳に送られていきます。

そのことによって、私たちはさまざまなポーズをしてみたり、歩いたり、飛び跳ねる、という運動の制御ができるわけです。

あごについている筋肉にも、そういうセンサーを備えた筋紡錘があります。あごを動かすことによってこの筋紡錘の刺激が、脳に送られます。その刺激の一部が、枝分かれをして脳幹網様体にいきます。脳幹網様体は脳全体のメインスイッチになっている部分です。

刺激がそこにいくことによって、「今は寝ている場合ではなくて、起きて活動をしなければならないよ」という命令を脳全体に指示します。こうして脳が活性化されていくのです。こういう点でも、ガムを噛むことは意味があります。

三つめとしては、噛むことによってコレシストキニンという物質が脳の中で増えていきます。このコレシストキニンは、情報伝達に役立つ物質であり、脳の機能を上昇させます。

また、噛むことによって唾液も多く出ます。唾液に含まれるリゾチウムは菌をやっつける効果があるので、冬場には風邪の予防もしてくれます。

社内にいるときは、お茶を飲み、そして外出時にはガムを噛む、このような習慣をつけるのも悪くありません。

会議――聞き上手では能率下手になる！
会議での発言は脳の働きを活発化させる

会議は議題があって社内の人たちが（ときには社外の人も）集まるので、参加者は発言者の話にはきちんと耳を傾けようとします。このような場に、ただ参加するだけではもったいない。そう思いませんか。大勢の人たちが集まるこの場をあなたが周囲からの評価を高めてもらうために、積極的に利用してはどうでしょう。

また、会議でその他大勢として人の話を聞いているのと、積極的に発言するのでは、脳の働きには天と地ほどの差が生まれることもわかっています。

自分の意見を話したあとに、その考え方が正しいのか、そうでないのかを考えるためには、第三者の発言を真剣に聞く必要があります。自分の意見をひと言だけ話したとしても、黙ってみんなの話を聞いているときの一〇倍、二〇倍のことを考えなければなりません。

「発言しよう」と会議に臨むことで、相手の話の聞き方も理解する深さも大幅に違ってきます。同じ時間を使うのであれば、ただ会議の席に座っているだけでなくて、「ひと言でも発言する」というプレッシャーをかけて出席したほうが、脳の活性度が非常に高まります。

ボーッとしているときは脳が怠ける

会議に出席しているものの、人の話に興味を持たないでいるときの脳は、どのように働いているのでしょうか。

ボーッとしていると、脳は怠け始めます。それにともなって、脳全体の活性度が落ちていきます。会議に出て、話を聞いているようで別のことを考えているときは、まさにこの状態です。また、聞いていないという自覚がないものの、会議が終わった後で、その内容を何一つ覚えていないときも同じです。

一方、人と話しているときはどうなのでしょう。

一対一で会話をしているときは、そういうことはほとんどありません。会話のキャッチボールをしている状態では、脳全体が自動的に活性化してきます。ですから、相手の話を「よし、これから一生懸命に聞くぞ」というふうに思わなくても、脳は自動的に高い活性度になっています。

実際に人と話しているときは、脳の血流量が増える傾向が見られます。

相手の問いかけや考え方について、発言をしていかなくてはいけない。相手の話をきちんと理解し、自分の中で話をまとめる。自分の中で話を組み立てていく。こういう一連の作業をしなければなりません。そう思うことによって、脳が活性化していくのです。

会議に集中できない人は、これを応用させて会議でも擬似的に一対一の人とのコミュニケーションに近いような脳の状態に自分に持っていくといいでしょう。そのためにも会議に出席したら、座っているだけでなくて、発言するように心がけてください。

「一対一」のときと、「一対多」で話を聞くときに根本的に違うことは、発言の機会が減ること。これが脳の活性化を低下させる原因になります。

大勢が出席する会議の場では、「私もこれから発言するぞ」と思うだけでも、一対一のときと同様に、相手の話をしっかりと聞いてまとめ、自分なりの考えを練っていくという作業ができるようになります。

プレゼン――「吐いて吸う」ことであがらず話せる
ゆっくりと心拍数を減少させてリラックスする

人前でプレゼンをしたり、テストを受けるなど緊張するときに、深呼吸をして心を落ち着かせようとするのは、残念ながら間違いです。大きく息を吸う深呼吸をすることで、余計にあがってしまいます。「まさか」と驚かれたのではないですか。

緊張感をとり、気持ちを落ち着けるためには、まずは、「ゆっくりと大きく息を吐き、それから息を吸う」のが正しい方法です。呼吸の順番が逆なだけで、やっていることは同じだと思われるかもしれませんが、まったく効果は違ってきます。

息を吸うことは交感神経、吐くことは副交感神経の刺激です。つまり、支配している神経が違うわけですね。

交感神経とは、敵と戦うときに優位になる神経で、緊急時に働きます。戦うときには、血液を脳や筋肉にたくさん送らなければならないために、心拍数は上昇し、瞳孔《どうこう》は開き、血管は収縮します。人体の機能を高めてくれる特徴があり、車でいえば、アクセルのような役割です。

反対に副交感神経は、リラックスしているときに優位になる神経。平常時のときに優位になります。リラックスしているときは心拍数が減少し、瞳孔は小さくなって血管は拡張します。車のブレーキにもたとえられるでしょう。

つまり、呼吸は交感神経を刺激する「息を吸う」と、副交感神経を刺激する「息を吐く」を繰り返すことに行われています。緊張して「あがる」のは、この交感神経の暴走によって起こるのです。

緊張したからといって深呼吸をして、あまりたくさんの空気を吸い込むと、過喚起発作（緊張、不安、興奮、恐怖などから、突発的に早い呼吸を繰り返すことで、呼吸が苦しくなること）を起こす可能性もあるので注意が必要です。

緊張したら、まずはゆっくりと大きく息を吐き、それから普通に吸う。また、ゆっくりと大きく息を吐き、普通に吸う。これを、繰り返せば、緊張が少しずつ取れてきます。客先でのプレゼンなどを控えていたら、ぜひその前に試してみてください。

夜――飲み会の「言葉のキャッチボール」のコツ

楽しく話をして、脳の働きを活発化させる

仕事をしていれば、おつきあいで夜の会合などに出席しなければならないときもあります。こんなときに、イヤイヤ出かけるのではなくて、「積極的なやる気人間になる修業の場」だと考えてみたらどうでしょう。

人に宣言する必要はないのですが、「先に話をしたほうが勝ち！」と自分なりのルールを作って出かけてはどうでしょうか。

勘違いをしないでください。一方的にみんなの前で大演説をぶったり、一人でお笑いトークを延々と行うことを推奨しているわけではありません。せっかくがんばってもこれでは、脳機能の向上に役立ちません。思いついた順番に話すのは、大脳の側頭葉に格納されている情報（すでに記憶されている情報）を順番に取り出しているだけのこと。脳

にとっては、とても簡単な作業です。でも、脳の活性化には役立ちません。

それに大演説をぶつことは、ほとんどの場合は周囲に嫌がられ、昇進にも差し障ります。何一ついいことがないわけですね。ですから、こうならないように、くれぐれも気をつけてください。

会話中は脳の広い部分で血流が増える

他人と会話を交わすことが目的です。夜の会合では、話す人と聞き手に回る人に分かれます。このときに、他人の話に頷きながら、黙々と出された料理を食べているだけでは、脳の活性度は落ちてきます。しかし、質問をしようと思いながら話を聞けば、脳は活性化します。

今までも再三述べてきたように、「会話をする」のは簡単なように感じますが、脳の中では複雑な作業が行われているのです。

というのも脳は、相手の話を理解するために、大脳側頭葉に格納されている情報の中から、前頭連合野を使って正しい情報を見つけ出してきます。さらに、適正な形に加工して言葉として発します。このプロセスを経ながら会話が行われていくからです。

他人と会話をしているときに、ＭＲＩ（磁気共鳴診断装置）で撮ると、脳の広い部分で血流が増え、脳の多くの部分が機能していることがわかります。

こうした会話のキャッチボールが、脳をとてもいい状態に持っていってくれます。

ただし、一方的に話したり、聞いているだけのときの脳は、活性化という見地でみれば、劣ってしまいます。コミュニケーションを取ることは、高次の脳の作業領域なのです。

これからは夜の会合に出席したら黙っていないで、人と積極的に話す。そのようなルールを作って、ぜひ人生も勝ちに行きましょう。

帰宅――帰路を少し変えるだけで発想が変わってくる「位置ニューロン」を刺激すると脳は活性化される

旅行など普段と違う場所に行くと、脳の海馬の中にある位置ニューロン（細胞）が刺激され、脳に良い刺激になります。ドライブするときに、カーナビを極力使わないで、頭の中に地図を描きながら運転するのも脳にいいことがわかっています。

外出するときに、ちょっとだけ工夫するだけで脳の中が記憶を受けて、海馬の脳細胞を増やすことができます。このようなことだけで脳の位置ニューロンが刺激を受け、脳は活性化していくのです。

刺激で脳細胞を増やす

さて、小学校の修学旅行の出来事は覚えているのに、前々の週やその後の週の記憶は、ほとんど残っていない、そんな経験をしたことはありませんか。修学旅行は親元を離れて遠くまで出かける、しかも友達と寝泊まりをするわけですから、とてもワクワクしたできごとです。

それによって、位置ニューロンが刺激を受け、何十年もたった今でも、鮮明に楽しいできごとを思い出すことができるわけです。

こう考えれば、大人になってからも、旅行は積極的にしたほうがいいことがわかりますね。しかし、社会人になると仕事が忙しかったり、思い通りに休みがとれず、頻繁に旅行に出かけることがむずかしくなるのが現実。これでは脳に良い刺激を与えることができなくなります。

だったら、日ごろから裏の路地を通ってみる、駅の違う方の改札口から出てみる、会社の非常階段を下りてみる、など会社から帰宅するときに、ちょっとした遊びのようなことをしてみてはどうでしょう。

たとえば帰宅ルートを少し変えるだけでも、海馬の位置ニューロンは反応し、旅行に近い効果をあげることが可能になります。さっそくいつもとは違うルートに変えて帰宅してみましょう。きっと脳に新鮮な刺激を与えることができるはずです。

リビング——家では「照明」も「性格」も暗めでいい！

一人のときに暗い性格になるのが、むしろ正常

最近、不眠症や眠りが浅い人が増えています。原始時代は、太陽が沈むと暗くなりました。すると、目の中に入る光の量が少なくなるため、脳でメラトニンという睡眠ホルモンが作られ、その作用で眠気が起こり、自然に眠ることができたのです。

外国では読書のときにも読書用ライトで、本だけを照らしています。これは睡眠ホルモンのメラトニンにとっては、好ましい環境です。なぜなら、活字を読み取るのは、人間の視野の真ん中にある黄斑《おうはん》部と呼ばれる部分だからです。読書に必要な黄斑部に入る光だけを読書用のライトで確保しているのです。部屋を暗くして、目の網膜全体に入る光の量は少なくすることで、メラトニンがきちんと作られるようにしているのです。

外出中は仕方ありませんが、帰宅したら照明は暗めにして、ぜひ、質の良い睡眠を確

保する工夫をしてください。

無理して明るく振る舞うことはない

他人の前では明るく振る舞っているけど、一人になると暗い性格になる。そんなふうに、ひそかに悩んでいる人がけっこういます。しかし、心配することはありません。程度の差こそあれ、誰しもが同じように思っているからです。

現代社会は私たちに、無理に「明るさ＝躁鬱《そううつ》の躁」を求めているように思います。だから、どんな人でも他人と会うときは、本来の自分よりも明るく振る舞っています。これは性格を無理に明るくしている節があります。

一人になると暗くなるのは、むしろ正常。どこかで本来の自分とバランスを取らないと性格が破綻してしまいます。「病気ではないか」と心配してしまうのは考えすぎです。

ですから、会社から帰宅し、家族だけになったときに、他人の目があった昼間よりも無口になったとしても大丈夫です。特にこれといった理由もなく、暗い性格になっている自分に気づいたら、脳が正しく機能していると考えるようにしてください。ときには、自分の脳を暗さにどっぷりひたして「お疲れさま」とねぎらってあげることも必要です。

入浴――なぜ風呂は「就眠二時間前」がいいのか

人は体温が下がったときに眠くなる

ぐっすり眠るために、入浴は就寝の二、三時間前が最適です。人間の体温は朝起きてから上がり始めます。その後、夕方からは下がり始めます。人は体温が一段と下がったところで眠気を感じます。

風呂に入ると、人間の深部体温、つまり体の中心部の体温が上がります。風呂から上がった後の二、三時間後になると深部体温は下がってきます。このころにベッドに入ると、寝つきがよくなるのです。こうして理想的な眠りに入っていけることになります。

しかし、一般的には帰宅して晩御飯を食べ、テレビを見て、くつろいでから風呂に入るという生活パターンの人が多いはずです。ということは、風呂から上がって、二、三時間後に眠るようにすると、就寝時間が遅くなってしまい、大抵の人は睡眠不足になってしまいます。これでは体によくありません。今日からは、日本では定番になっている「メシ→風呂→寝る」のパターンは止めることです。風呂に入る時間はベッドに入りたい時間から逆算して、決めるのがよさそうです。

もう一つ気をつけたいのは、お湯の温度です。ぜひ、低めに設定してください。お湯の温度が高いと、戦闘的な特徴が見られる交感神経が刺激されます。せっかく体を休めようと思っていたのが眠れなくなります。今日から早速、風呂のお湯の温度は低めの設定に。

就眠——夢を寝ている間に無意識にインプット

脳は「レム睡眠」時に記憶作業を繰り返す

昔、睡眠学習ができるという機械がありました。眠っている間中、カセットテープから英単語などが流れてきて耳に入るわけです。眠っている間に勝手に英単語を覚えることができると謳った夢のような機械でした。しかし、このような機械は、残念ながら記憶力を促進するためには、まったく役立ちません。科学的にも立証されています。

そんなインチキは別としても、記憶したいものがあるときに、レム睡眠と呼ばれている時間帯を利用すれば、うまく覚えていくことができます。この時間帯は、眠っていても脳が活発に働き、起きているような脳波を示します。

夢を見ているときはレム睡眠状況になる

夢を見ているときもレム睡眠状態ですが、このときに脳は記憶の置き換え作業を行なっています。置き換え作業とは、最近の記憶である「近似記憶」から、ほぼ失われない「遠隔記憶」に記憶を置き換えています。これをしないで、すべての記憶を残しておくと、頭の中がパンクしてしまいます。そこで、必要な記憶だけ「遠隔記憶」に残していくわけです。このときに興味深いのは、自分なりに記憶を体系化し、整理整頓しながら、記憶をフォルダーに置いていっている点です。

この作業は図書館にたとえられます。それぞれ本のジャンルに合わせて棚を設定し、棚に整理しながら本を入れていくように、記憶も整理されていきます。

これを合理的に行うためには、寝る前に目標を再確認するとよいでしょう。目標達成に必要な情報を残し、不必要な情報を捨てるという作業を寝ている間に脳が行なってくれるようになります。寝ている間に脳が、理想的な整理方法で記憶を分類してくれることになります。もちろん、資格試験などを控え、暗記が必要な人も寝る前に記憶すれば効果的です。自分の目標をしっかりと脳に刻みつけるためにも、寝る前に目標を再確認するクセづけをしてください。

ワンポイントレッスン

やる気を引き出す簡単体操

どの体操も長くする必要はありません。筋肉を鍛える目的なら長くやるほうがよいのですが、「やる気」のスイッチをオンにするための体操です。脳を刺激するには短い時間で充分。長く体操をすると、疲労感によってかえってやる気がなくなります。

★バレリーナ行進体操

頭がボーッとしてきて、やる気が出ないときに行います。その場で膝や両手を交互に思いっきり上げ、行進のような運動を行います。バレリーナになったような気分で軸足はつま先立ちになり、手は手旗信号を送るときのように頭の上まで振り上げます。

デスクの前で一五秒間ほど行います。下半身にとどこおっていた血液が心臓に戻り、脳の血液循環が活発になって、やる気が出ます。また、下肢の筋肉にある筋紡錘という部分が脳に刺激を送ってくれるため、脳全体が活性化し、やる気が出ます。

★満面の作り笑い体操

仕事で失敗して後ろ向きな気分になり、やる気が出ないときに最適！　口の両端を力いっぱいに引き上げて、満面の作り笑顔を浮かべます。顔の筋肉が疲れるぐらい思いっきり笑顔にすることがポイントです。二〇秒ほどキープして、一回行います。

脳がだまされ、楽しいことがあったときと同じようにA10神経が刺激を受けます。ドーパミンが増加し、この作用により前向きな気分になってやる気が出てきます。

★にせピアニスト運動

頭では仕事をしなければならないことがわかっているのに、気分がどうしても乗らないときに行ってください。ピアニストになった気分で、指を順番に九〇度、折り曲げていきます。左手は小指から、右手は親指から、同時に折り曲げていきます。終わったら、次に左手は親指から、右手は小指から折り曲げていきます。三往復させます。

理性や意思を生み出す前頭葉を刺激し、大脳辺縁系をコントロールする力をアップ。怠け心を制御でき、やる気が出てきます。

★背伸び息吐き体操

仕事中にもかかわらず眠気におそわれ、やる気が低下してしまったときに行なってみてください。特にお昼を食べたあとの時間帯などに行うと効果的!

両手を頭の上に上げて背伸びをします。このとき、両腕はもちろん、全身のありとあらゆる筋肉に思いっきり力を入れて一〇秒間、そのままの姿勢を維持しましょう。その後に、全身の力を抜きながら、ゆっくりと息をすべて吐ききります。吐き切ったあとは、自然に息を吸ってください。無理していっぱい空気を吸うと、副交感神経の働きが鈍るので望ましくありません。二セットもやれば十分。

全身の筋肉にある筋紡錘の部分を刺激することで脳全体が活性化し、頭がシャキッとします。また、血液中の二酸化炭素が減少することで眠気を追い払うことができます。

本書は成美文庫のために書き下ろされたものです。